Annick Cojean
Was uns stark macht

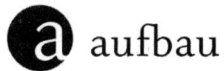 aufbau

ANNICK COJEAN

WAS UNS STARK MACHT

Begegnungen
mit Patti Smith, Virginie Despentes,
Joan Baez, Brigitte Bardot u. a.

Aus dem Französischen
von Kirsten Gleinig

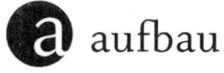 aufbau

Die Originalausgabe ist unter dem Titel
Je ne serais pas arrivée là si …
2018 bei Éditions Grasset & Fasquelle
in Paris erschienen.

MIX
Papier aus verantwor-
tungsvollen Quellen
FSC® C083411
www.fsc.org

ISBN 978-3-351-03766-6

Aufbau ist eine Marke der Aufbau Verlag GmbH & Co. KG

1. Auflage 2019
© Aufbau Verlag GmbH & Co. KG, Berlin 2019
© Éditions Grasset & Fasquelle, Le Monde, 2018
Einbandgestaltung zero-media.net, München
unter Verwendung eines Motivs von © michela ravasio/stocksy
Satz und Reproduktion LVD GmbH, Berlin
Druck und Binden CPI books GmbH, Leck, Germany
Printed in Germany

www.aufbau-verlag.de

Inhalt

Für Maman, für immer.

*Für Louise, Marie, Clémentine, Shilpa und Enora,
meine Patenkinder, die sich der Welt mit ihrer Leidenschaft
und ihrem Strahlen öffnen und sie unbedingt schöner machen
möchten.*

»Ich wäre nicht die, die ich heute bin, wenn …«

Ich lächele und versuche, ermutigend zu wirken. Ich kann mir genau vorstellen, welches Wirrwarr von Gedanken, Erinnerungen, Gesichtern dieser Satzanfang auslöst, wenn man gebeten wird, ihn fortzusetzen. Darum wiederhole ich ihn leise und lasse das »wenn …« nachklingen, sodass der Anschluss fast natürlich folgen kann. Als wäre es ganz einfach. Aber ich weiß sehr wohl, dass diese Frage schwindelerregend ist.

Was hat mich aufgebaut, mir etwas verbaut, mich geprägt, gelenkt, erschüttert oder mir Kontur verliehen? Was hat mich dorthin getrieben, wo ich heute bin, zu diesem Beruf, in diese Situation oder einfach bis zu diesem Alter? Welcher Zufall, welche Begegnung, welches Unglück, welche Begabung, welche Wesensart oder vielleicht auch, welche tragischen Umstände haben mein Leben gelenkt? Wogegen habe ich mich aufgelehnt oder was hat mir große Freude bereitet, und hat mir das Flügel verliehen? Oder haben mich diese Erfahrungen belastet? Beunruhigt? Sodass ich kämpfen und mich wehren, hinfallen und wieder aufstehen musste? Habe ich einen Traum verfolgt? Oder hatte ich keinen klaren Kurs vor Augen? Gab es Lichter, die mir den Weg gewiesen haben? Hatte ich einen Schutzengel?

Und meine Eltern? Meine Erzeuger! Welche Rolle haben sie gespielt? Haben sie Schuld auf sich geladen? War unsere Beziehung belastet oder glücklich? Darüber wollen wir sprechen. Oder auch nicht. Ich begleite euch dabei. Ich unterstütze, hake nach, bin neugierig. Zutiefst neugierig auf das, was ich von euch erfahre. Was mich interessiert, ist die Kraft, die einem Werdegang zugrunde liegt. Die versteckten Triebfedern, die Schattenseiten, der Motor. Die Freuden. Wie gestalten wir unser Leben? Was bringt uns voran? Was lernen wir unterwegs? Das fasziniert mich.

Ich habe über zwanzig bezaubernde Frauen mit diesem Satzanfang konfrontiert – im Rahmen eines wöchentlichen Treffens für *La Matinale du Monde*. Wunderbarerweise haben sie sich bereitwillig auf die Fortsetzung eingelassen und sich der Herausforderung gestellt: der Verkürzung, der Selbstbeobachtung, der selektiven Erinnerung. Sorgfältig und ernsthaft, offen und verstörend. Blitzschnell sind sie zum Wesentlichen gekommen. Und haben mich mitgenommen auf eine Fahrt auf dem Fluss ihres Lebens.

Das Interview ist die Kunst der Begegnung. Selbstverständlich braucht es Vorbereitung. Ich lese, erkundige mich, beschaffe mir Informationsmaterial, komme nicht planlos zu unserem Treffen. Ich habe chronologische Anhaltspunkte, eine Vorstellung davon, was mein Gegenüber bewegen könnte. Aber keinen festen Fragenkatalog, kein Skript, kein Musterformular. Ich lasse mich vom Gespräch treiben, und dann wird gemeinsam improvisiert. Ich höre zu. Ich höre ganz genau zu, bevor ich nachhake. Es ist ein Tanz, zu dem ich auffordere, ein Pas de deux.

Ich komme immer etwas ängstlich an. Was man mir hoffentlich nicht ansieht. Schließlich ist jede Begegnung eine

Herausforderung, und ich darf nicht scheitern. Ich stelle mich vor, bedanke mich, ich stöpsele zwei kleine Aufnahmegeräte ein, wobei ich über meine legendäre Unbeholfenheit in Sachen Technik scherze, und dann sage ich ihn, den Satz: »Ich wäre nicht die, die ich heute bin, wenn …« Wir springen ins kalte Wasser.

Nichts auf der Welt ist jetzt wichtiger als die Person mir gegenüber. Nichts darf mir entgehen, kein Lächeln und keine Tränen in den Augen, kein Zögern, kein Widerspruch, kein Zittern in der Stimme, keine Gereiztheit, kein Geständnis, kein Ausweichmanöver. Ich mache mir keine Notizen, ich lasse den Blick der anderen nicht los. Wir erleben dieses Abenteuer zu zweit. Zu zweit unterhalten wir uns, von Angesicht zu Angesicht. Das ist anstrengend. Und angenehm. Ich bin gespannt. Ich reagiere, ich bin nicht neutral. Zum Teufel mit der vielzitierten kritischen Distanz. Ich bewege mich, ich lache, ich reiße die Augen auf, schüttele den Kopf, bin ergriffen, ja, ergriffen von dem, was mir erzählt wird. Folge meiner Eingebung. Bin empathisch. Die Antworten interessieren mich in höchstem Maße, und das zeige ich deutlich. Ich erwarte sogar, dass sie mich bereichern. Freue mich über Unerwartetes. Es ist verrückt, was für ein subjektives Geschäft das Interview ist.

Vor ein paar Jahren wären meine Fragen nicht dieselben gewesen. Zumindest nicht alle. Ich schwebte wie auf einer Glückswolke. Kriege, Dramen, Katastrophen, über die ich als Auslandskorrespondentin berichtete, hatten mein unerschütterliches Vertrauen ins Leben nicht getrübt. Erstaunlicherweise habe ich immer eine große Lebensfreude empfunden. Hatte nur selten einen Durchhänger, Melancholie kannte ich nicht. Was für meine engsten Freunde, glaube ich, sogar befremdlich war. Als Yasmina Reza, über die ich eines Tages ein Porträt schrieb, mir anvertraute, man habe sie wegen ihres unerbittlichen und klaren Verstandes als Kind oft »alte Seele« genannt, war ich wie gebannt. Fehlte es mir womöglich an Besonnenheit? An einem Gespür für die Vergänglichkeit und Härte des Lebens?

Dabei hatte ich doch im Zuge vieler Reportagen Schreckliches erlebt, Augenzeugen in Not befragt, Beziehungen geknüpft mit Menschen, die aus der Hölle kamen. Ich hatte mich nachts damit gequält, die passenden Worte für ihr Unheil zu finden, um so direkt, so genau wie möglich die Tragik, die Ungerechtigkeit, das Leid zu beschreiben. Ich war verändert zurückgekehrt und wollte meine Leser unbedingt durch die Macht des Schreibens berühren und Brücken bauen zwischen ihnen und den Themen meiner Reportagen. Aber niemals hatte ich selbst, körperlich oder geistig, den wahren Kummer und die Verzweiflung gespürt. Und dann kam es über mich.

Ohne Vorwarnung, ohne Ankündigung, ohne auf Wiedersehen zu sagen sind meine Eltern innerhalb weniger Wochen gegangen. Ich konnte es nicht fassen, war am Boden zerstört. Als ich aus der Bretagne zurückkam, wo meine beiden Brüder und ich das Haus abgeschlossen hatten, in dem so viel gelacht, diskutiert und gesungen worden war (meine Mutter sang immer), fühlte ich mich wie ein »wounded soldier«. Geschlagen, verwundet, benommen. Ausgebremst in meinem Elan. Unendlich traurig. Mit einem Schlag prasselten alle existenziellen Fragen auf mich nieder, die ich bis dahin vernachlässigt hatte. Warum? Für wen? Wie? Wohin? Welcher Sinn? Meine Mutter, meine über alles geliebte Mutter, hatte mir so vieles beigebracht, nur nicht, wie ich ohne sie leben sollte. Und im Regen tanzen. Ich war außer Atem. Erlebte das Fehlen, die eisige Stille, die unaussprechliche Traurigkeit. Ich war untröstlich. Wusste, dass das Glück, oder zumindest das Glück in seiner ganzen Fülle, auf ewig verschwunden war. War das also das Leben? Verlust? Und trotzdem weitermachen?

Le Monde ließ mir freie Hand bei der Wiederaufnahme meiner Interviews unter dem Titel »Ich wäre nicht die, die ich heute bin, wenn …«, an denen ich mich einige Jahre vorher bereits probiert hatte. Jetzt würde ich alle Fragen stellen, die mir in den Sinn kämen. Von den einfachsten – »Wovon haben Sie mit fünfzehn geträumt?« – bis zu den schwierigsten – »Wie soll man mit der Lücke leben, die der Tod hinterlässt?«, »Ist Glück eine Begabung?«, »Gibt es etwas nach dem Tod?«. Das war nicht Ausdruck von Besessenheit, sondern einer neuen Freiheit. Mein Leben hatte sich verändert. Es gab ein Vor und ein Nach diesem Zusammenprall mit dem Tod. Meine Fragestellung erweiterte sich, gewann an Tiefe, und ich wagte mehr. Patti Smith nahm meine Fragen über Trauer und die Lücke durch den Tod unendlich wohlwollend auf. Amélie Nothomb sprach mit mir darüber, was für eine große Angst sie davor hat, ihre Mutter zu verlieren. Joan Baez erzählte mir, wie behutsam sie ihre eigene bis ganz zum Schluss begleitet hatte.

Zumindest eine Sache lernt man, wenn man »reif« wird! Cecilia Bartoli behauptet, mit zweiundfünfzig Jahren eine bessere Sängerin zu sein als mit zwanzig. Ich selbst denke, ich bin heute besser darin, Interviews zu führen, als mit dreißig.

Aber die Begegnung an sich ist nicht alles. Sie muss aufgeschrieben und anderen zugänglich gemacht, so bearbeitet werden, dass das Interview sich fließend liest. Man muss die Aufnahme wieder und wieder hören, selbstverständlich. Aber auch das Gespräch nachbilden, überarbeiten, formen, daran feilen, ihm Gestalt geben, Ausdruck verleihen, Leben einhauchen. Denn die, die es lesen, hören weder den Klang noch den Atem noch sehen sie den Blick meiner Gesprächspartnerin, sodass ich mit Worten, Rhythmus, Zeichensetzung, Pausen und den nachfassenden Fragen ihren Tonfall und ihre Stimme nachbilden muss. Ich habe meine Werkzeugkiste. Ich hobele, ich feile, ich säge. Ich kann ohne Weiteres zwanzig Stunden damit zubringen, den Frauen im Text Gehör zu verschaffen, so getreu wie möglich ihr Gefühl zu übertragen. Das ist harte Arbeit, die zuweilen auch frustriert. Hätte ich doch nur mehr Zeit mit meiner Gesprächspartnerin gehabt! Könnte ich sie doch nur noch einmal sehen! Manche von ihnen habe ich zwischen zwei Flügen getroffen. Andere zwischen zwei anderen Interviews. Oftmals habe ich nur eine Stunde zur Verfügung oder eineinhalb. Nur sehr selten gewährt mir eine drei Stunden. Ich vergesse, dass ich für eine Tageszeitung arbeite. Ich schreibe für die Ewigkeit. Wie vermessen!

Aber warum ein Interviewband nur mit Frauen? Schließlich habe ich Gespräche dieser Art auch mit vielen Männern geführt, und zwar durchaus mit Freude. Weil die Welt der Frauen eine besondere ist und ihr Weg ein Hindernislauf, der mich immer wieder fasziniert. Die hier versammelten Frauen haben sich in einer Welt behauptet, deren Regeln von Männern bestimmt werden. Sie haben in Männerdomänen gekämpft, die vorurteilsbehaftet gegenüber aufrechten Frauen sind. Etliche haben Gewalt erlitten. Alle haben ihr Haupt erhoben, die Zähne zusammengebissen, ihre

Freiheit verteidigt. Stark haben sie sich ihren Weg gebahnt. Mit Träumen. Und Arbeit. Unglaublich viel Arbeit. Darauf sind sie am meisten stolz. Ihren Erfolg, ihre Karriere, ihren Einfluss haben sie nur sich selbst zu verdanken. Und wenn ich die Interviews all dieser Frauen, so unterschiedlich sie auch sein mögen, noch einmal lese, dann finde ich darin etwas wie Familienähnlichkeit. Sie alle sind engagiert, jede auf ihre Art. Begeistert, kämpferisch, inspirierend. Gemeinsam geben sie uns Kraft, Energie, Hoffnung!

Im Laufe dieser Interviews hat mich ein Detail verblüfft – aber handelt es sich wirklich nur um ein Detail? Die meisten Frauen haben mir erzählt, an ihnen sei »ein Junge verloren gegangen«, als sie kleine Mädchen waren. Sie spielten lieber Cowboy oder Robin Hood als mit Puppen, trugen lieber Shorts und Hosen als Prinzessinnenkleider. Da musste ich lachen. Verwendet man heute immer noch diese absurd sexistische Redewendung? Ich weiß es nicht. Aber wenn ich mich zurückerinnere und mich selbst mit acht Jahren sehe, wie ich mein Indianerzelt immer und immer wieder aufstellte und in die große Rotbuche kletterte, in der ich für einen Teil der Ferien verschwand, und verlangte, man solle mich mit meinem umgehängten Bogen »Cochise« nennen, dann sehe ich auch meinen Vater, der mir ebenfalls lachend zurief: »An dir ist ein echter Junge verloren gegangen!« Kurz verwirrt, dann rebellisch, zog ich schließlich meine rote Latzhose und das Stirnband mit der Feder in meinem wuscheligen Lockenkopf zurecht und antwortete: »Im Gegenteil, in mir befindet sich ein echtes Mädchen!«

»Ich wäre nicht die, die ich heute bin, wenn …« Muss nun auch ich diesen Satz zu Ende führen? Ja. Ich möchte zu gern all das sagen, was ich meiner Mutter Marie-Germaine zu verdanke habe, diesem außergewöhnlichen Menschen. Ich möchte es aufschreiben. Denn indem ich mich an diese liebevolle, strahlende Person erinnere, die ich für unsterblich hielt, erwecke ich sie ein wenig wieder zum Leben. Wer kann schon glauben, dass die Sonne eines Tages nicht mehr scheint?

Ich erinnere mich, dass wir in der zehnten Klasse wie damals in der Fernsehsendung das »Spiel der Wahrheit« spielten. Wir saßen im Kreis auf dem Boden, mittags im Pausenhof, und mussten uns gegenseitig alles sagen, was wir an unseren Eltern auszusetzen hatten. Die heldenhaftesten Mädchen, die Stars, erzählten selbstverständlich schreckliche Geschichten und grenzten sich radikal von ihren Müttern ab. Ich konnte das nicht. Ich liebte es, lustig zu sein, ich hätte alles getan, um die anderen zum Lachen zu bringen, aber hierbei – unmöglich, das konnte ich nicht. Was für ein Verrat wäre das gewesen. Ich wusste, wie unendlich freundlich sie war. Kannte ihre Phantasie, ihren Humor, ihre Großzügigkeit, ihre leidenschaftliche Liebe. Sie war meine Verbündete, seit jeher. Für immer und ewig. Die anderen beneideten mich um sie, worüber ich glücklich war. Ich mochte sie gern mit anderen teilen, ihre Zärtlichkeit wurde dadurch nur noch größer. Aber ich war ihre einzige Tochter.

Sie hat mich nie zurückgehalten. Ich bin mit siebzehn Jahren von zu Hause ausgezogen, mit dem Abi in der Tasche. Mit zweiundzwanzig bin ich auf Weltreise gegangen. Damals gab es weder E-Mails noch Handys. Und so schrieb sie mir lange Briefe auf bläuliches »airmail«-Papier, die sie nach Sydney, Auckland, Papeete, San Francisco und New York schickte. Natürlich fehlte ich ihr, selbstverständlich machte sie sich Sorgen, aber sie sagte es nicht. Und ich behielt meine Siebenmeilenstiefel an. Ich wusste, sie wäre sehr glücklich angesichts all dessen, was ich entdeckte, sodass ich es für sie miterlebte. Die Freude über eine Begegnung oder eine Landschaft verdoppelte sich dadurch. Der Ärger über ein Problem halbierte sich. Ich fühlte mich dermaßen entlastet, nachdem ich es mit ihr geteilt hatte, dass es sogar interessant wurde.

Als ich Journalistin bei *Le Monde* wurde, unterstützte sie mich weiterhin aus der Bretagne. Ich weiß nicht, wie sie das machte, denn sie hatte nur ihr Telefon, ihr Radio, das sie überall mit sich herumtrug, Zeitungen, Fernsehen und stapelweise Notizzettel. Aber von unserem kleinen Städtchen aus in der Nähe von Morlaix gab sie mir unzählige Anstöße, die meine Lust entfachten, und versorgte mich mit Ideen. Ich fuhr in die Vereinigten Staaten? Passenderweise hatte sie den Hinweis auf ein Buch zu meinem Thema notiert. Ich nahm Kurs auf den Kosovo? Gerade hatte sie von einem Dorf gehört, nahe Pristina, das einer eigenartigen Guerilla Unterkunft gewährte. Ruanda? »Annick, das darfst du nicht verpassen. In Kigali gibt es eine wunderschöne Tutsi-Frau, die Witwen vor dem Genozid verteidigt.« Afghanistan? »Pass auf dich auf, Mädchen. Und versuch, die Frau von Karzai zu treffen. Sie hatte einen richtigen Beruf und muss jetzt zurückgezogen leben!« Ich staunte über sie. Das war lange vor Google. Im Laufe der Monate erhielt ich Umschläge mit Artikeln, die sie aus Zeitschriften herausgerissen hatte, beim Friseur, beim Zahnarzt, beim Arzt, darunter auch Schönheitstipps oder sogar lustige Geschichten. »Ich weiß, dass du keine Zeit hast, alles zu lesen, mein Liebes, aber nur für den Fall …«

Ich wäre also nicht die, die ich heute bin, wenn … ich nicht eine große Liebesgeschichte mit meiner fröhlichen Maman erlebt hätte, die mir riesengroße Flügel verliehen hat, indem sie, seit ich klein war, am äußersten Ende des Finistère all meinen Träumen freien Lauf gelassen hat.

Ich versuche, meine Träume weiter zu verfolgen. Aber, wie Romain Gary schreibt: »Mit der Mutterliebe macht dir das Leben in der frühesten Kindheit ein Versprechen …«

Annick Cojean

Amélie Nothomb

Sie steht jeden Tag um 4 Uhr morgens auf, kippt einen halben Liter schwarzen Tee hinunter und macht sich mit einem Schulheft auf den Knien ans Schreiben. Unter den Neuerscheinungen im Herbst ist jedes Mal ein Titel von ihr, und so nimmt sie in dem merkwürdigen Kabuff, das ihr im Verlag als Büro dient, die Rolle der Interviewten ein. Witzig, offen und zugleich etwas eigentümlich. Denn hinter dieser Rolle und der erlesenen Freundlichkeit lauern viele Phantome.

Ich wäre nicht die, die ich heute bin, wenn ...
Wenn ich nicht seit meiner Geburt an Schlaflosigkeit leiden würde. Zu dem Schluss bin ich gekommen, nachdem ich lange über diesen wirklich faszinierenden Satzanfang nachgedacht habe. Ja, die Schlaflosigkeit ist entscheidend gewesen und ganz sicher das, was mein Leben am meisten geprägt hat. Sie war schon immer da, sogar, als ich noch ein Baby war, und obwohl meine Eltern ewig gebraucht haben, um sich darüber klar zu werden.

Aber ein Baby, das nicht schläft, schreit, weint und zappelt doch ...
Nein. Die ersten beiden Lebensjahre war ich sozusagen

regungslos, vollkommen stumm. Ich weiß nicht genau, was ich war, es ist ein echtes Rätsel. Meine Eltern, die damals in Japan lebten und Verfechter des Quietismus sind, fanden das toll. Sie waren keineswegs beunruhigt, ich glaube sogar, sie dachten, dass ich mit offenen Augen schlafe. Was nicht der Fall war. Ich schlief nicht, ich erinnere mich sehr gut daran. Und dann, mit etwa zweieinhalb Jahren, bin ich gewissermaßen aufgewacht – was paradox ist –, und habe den Schlaf immer mal wieder kurz zu fassen bekommen. Meine Eltern hatten noch immer nicht bemerkt, was los war, bis sie, als ich ungefähr fünf Jahre alt war, entdeckten, dass ich nachts im Haus herumlief. Woraufhin meine Mutter sofort eine Regel aufstellte: Nachts bleibt jeder in seinem Bett. Vor sechs Uhr morgens darf keiner aufstehen.

Und was haben Sie dann getan?

Ich habe mich beschäftigt! Zuerst habe ich meine Schwester lange angeschaut. Wir teilten uns ein Zimmer, und sie schlief für zwei. Und da ich mit der Zeit nachtsichtig geworden bin – was ja auch das Mindeste ist, wenn man schon unter Schlaflosigkeit leidet –, war es eine wunderbare Beschäftigung, sie zu betrachten. Und dann habe ich den Stimmen geantwortet, die ich hörte. Es gab Hunderte davon in meinem Kopf, und ich habe mit ihnen gesprochen. Mit anderen Worten: Ich habe mir die Geschichte erzählt. Nicht »Geschichten«, sondern »die Geschichte«. Das war meine Hauptbeschäftigung zwischen fünf und zwölf Jahren. Mir »die Geschichte« zu erzählen: eine Art Epos, das sich in alle möglichen Richtungen entwickelte mit ständig wechselnden Figuren, wobei es darum ging, dass ich sämtliche Gefühle so intensiv wie möglich kennenlernte. Es konnte um das Abenteuer von zwei verlassenen Kindern gehen, die Astronauten wurden. Oder um den gemeinen Prinzen, der die liebenswürdige Prinzessin quält ...

Standen Sie selbst im Mittelpunkt der Geschichte?
Ich verkörperte alle Figuren gleichzeitig: die verlassenen Kinder, den gemeinen Prinzen, die liebenswürdige Prinzessin ... Ich erzählte mir selbst die Geschichte – ich war also gleichzeitig Erzählerin und Zuhörerin –, und das funktionierte bestens. Ungeduldig erwartete ich die Nacht. Und meine Eltern, die froh waren, so ein braves Kind zu haben, wussten, wenn ich unbedingt früh ins Bett gehen wollte, nicht, dass »die Geschichte« im Schutz der Dunkelheit unter meiner Decke ihren Lauf nahm. Als ich zwölf Jahre alt war, kippte diese Methode leider, und die Geschichte hörte plötzlich auf. Dass ich Schriftstellerin geworden bin, hat, denke ich, zum Großteil damit zu tun, dass ich mir »die Geschichte« im Kopf nicht mehr weitererzählen konnte. Ich brauchte von nun an ein Bindeglied – das Papier –, um sie festzuhalten. Auf diese Weise sind aus »der Geschichte« »die Geschichten« geworden.

Was hat ihr Gleichgewicht mit zwölf Jahren gestört?
Ein Schlüsselerlebnis, von dem ich kurz in *Biographie des Hungers* berichte. Ich war in Bangladesch, wo meine Eltern inzwischen lebten, im Meer baden und wurde dabei von vier Männern sexuell belästigt. Ich will nicht weiter auf dieses Ereignis eingehen, das ich erst einmal überwinden musste. Nur so viel: Das Jahr, in dem ich zwölf war, war ein Angelpunkt. Auf einmal entdeckte ich die Pubertät, Gewalt, Hass auf mich selbst und, ganz generell, Erschöpfung

und Emotionslosigkeit. Lauter Empfindungen, die ich vorher überhaupt nicht kannte. Bis zu diesem Zeitpunkt war mein Leben zwar nicht unbedingt glücklich, aber doch schön gewesen und meine Schlaflosigkeit hatte mir Momente des Glücks beschert, in denen ich mithilfe »der Geschichte« die Wirklichkeit erforschen konnte. Nach diesem dramatischen Vorfall wurde die Schlaflosigkeit zum Problem, und die Stimmen in meinem Kopf wurden deutlich unangenehmer. Ich hatte plötzlich das Gefühl, mit einem inneren Feind zusammenzuleben. Einer Art Monster, das mir Angst machte. Mein Leben geriet völlig aus den Fugen.

Und Sie erkrankten an Magersucht.

Ein Jahr später, mit dreizehneinhalb. Gefolgt von diversen Essstörungen, die jahrelang anhielten. Denn eine echte Magersucht lässt man nicht einfach so hinter sich. Es ist grauenvoll, wenn man wieder anfangen will zu essen, man merkt, dass man nicht mehr essen kann, dass der Körper nichts mehr verträgt, dass einem ständig schlecht ist, dazu das Gefühl, vom Teufel besessen zu sein. Man ist vor allem kein soziales Wesen mehr. Und man wird aus der Gesellschaft ausgeschlossen, weil man nicht mehr in der Lage ist, mit anderen zusammen zu essen. Es geht einem schlecht, und alle sehen, dass es einem schlecht geht. Ein Albtraum. Also, selbst wenn die Magersucht wichtig war in meinem Leben und dazu beigetragen hat, dass ich die Schriftstellerin wurde, die ich heute bin, messe ich ihr auf keinen Fall einen positiven Wert bei. Zu viele Menschen idealisieren sie und denken, es läge ein Reiz darin. Das stimmt nicht. Sie ist verheerend. Ich wäre ein besserer Mensch, wenn ich nicht magersüchtig gewesen wäre.

War das Schreiben nicht von Anfang an ein Ausweg?
Nein. Bevor ich siebzehn Jahre alt war, habe ich kein einziges Wort geschrieben. Abgesehen von Briefen. Seit ich sechs war, hatte ich ebenso wie mein Bruder und meine Schwester den Auftrag von meinen Eltern, einmal in der Woche an meinen Großvater zu schreiben, der in Brüssel lebte. Wir bekamen alle ein großes weißes DIN A4-Blatt, das unbedingt vollgeschrieben werden musste, was mir echtes Kopfzerbrechen bereitete, selbst wenn ich mich bemühte, groß zu schreiben. »Erzähl ihm, was du erlebt hast!«, spornte meine Mutter mich an. Aber ich fragte mich, wie das, was ich als kleines ausgewandertes Mädchen in Asien erlebte, einen alten Mann interessieren konnte, den ich noch nicht einmal kannte. Wie Sie sehen, hatte ich schon immer den Leser im Blick! Ich denke, wenn ich das entwickelt habe, was ich »das Gespür für den anderen« nenne, dann liegt es zum Teil an dieser Übung, die mir nicht geheuer war. Das war eine Zwiesprache mit dem Unbekannten, ganz anders als die Geschichte, die ich mir nachts erzählte.

Aber warum haben Sie sich selbst nicht gestattet, etwas anderes als diese Briefe an den Großvater zu schreiben?
Weil in der Kindheit meine Schwester diejenige war, die schrieb. Geschichten, Gedichte, Theaterstücke. Sie war ein Genie, und alle bewunderten sie. Vor allem ich, die sie wie eine Gottheit betrachtete und ihre Texte voller Hochachtung las. Aber auch meine Eltern und unsere Lehrer, denn ihre Stücke wurden von den Mädchen in der Schule aufgeführt. Als sie mit sechzehn Jahren aufhörte zu schreiben, habe ich ein wenig gewartet, weil ich dachte, sie würde vielleicht wieder anfangen. Und dann habe ich Rilke und seine

Briefe an einen jungen Dichter entdeckt. Da war ich siebzehn, und das war eine echte Erleuchtung. Mit einem Mal erschien mir das Schreiben möglich und zudem als etwas Wirkungsvolles. Ich würde sogar sagen, als lebenswichtig. Und wie durch ein Wunder begann die alte Geschichte in schriftlicher Form von Neuem. Ich schrieb die ersten Romane.

Sie begannen also, sich ein Leben als Schriftstellerin vorzustellen?
Oh nein! Dazu fühlte ich mich gar nicht imstande. Ich schrieb schon damals wie eine Wahnsinnige, aber ich musste erst zehn Bücher schreiben, bevor ich mich traute, das elfte, *Die Reinheit des Mörders*, einem Verlag anzubieten. Was daraus wurde, ist ja hinlänglich bekannt. In den ersten Jahren war meine geliebte Schwester meine einzige Leserin.

Was haben Sie sich als junges Mädchen gewünscht, als Ihre Familie sich schließlich in Belgien niederließ?
Ich wollte einfach nur japanisch sein. Denn ich war überzeugt, dass der Grund für all die dramatischen Erlebnisse seit meinem fünften Lebensjahr mein Abschied von Japan und die Trennung von meiner japanischen Mutter war. Ein totales Drama, das mich ebenfalls stark geprägt hat. Bis dahin führte ich ein Doppelleben mit meinen beiden Müttern, der Belgierin und der Japanerin, die ich beide liebte und die sich gegenseitig völlig akzeptierten. Aber unser Weggang aus Japan läutete die Trauer über den Verlust dieses perfekten Gleichgewichts ein. Es war eine tiefgreifende Trennung. Und in mir verschmolzen Japan und diese bescheidene Frau aus dem Volk, die so sanft und mütterlich war. Ich träumte davon, dorthin zurückzukehren.

Unterdessen haben Sie, wie so viele andere, angefangen zu studieren.

Ja. Und es ging mir total schlecht. Ich war allein. Fürchterlich allein. Ich hatte keinen Liebhaber, keine einzige Freundin. Weil ich so entwurzelt war, weil ich mich zutiefst fremd fühlte, weil aus meinem ganzen Wesen mein Unbehagen sprach. Ich wusste nicht, wie man sich anzog, wie man sich unterhielt, kannte die Musik nicht, die angesagt war. Ich war die Dumme. In der Uni schauten die Leute mich an wie ein seltsames Tier. Und mein Nachname machte es nur noch schlimmer: Nothomb! Ich erfuhr, dass er in Belgien der Inbegriff der katholischen Rechten war, obwohl ich mich doch gerade für eine linke Universität entschieden hatte. Sowohl die Professoren als auch die Studenten waren erstaunt: Was machst du denn hier mit diesem Namen? Alle waren gegen mich. Und um es ihnen zu zeigen, entschied ich mich für eine Doktorarbeit über Bernanos.

Warum haben Sie ein Philologiestudium gewählt, die Wissenschaft der Sprache?

Angesichts der ständigen Entwurzelungen, die der Karriere meines Vaters als Diplomat geschuldet waren, hatte ich ziemlich schnell verstanden, dass die Sprache und die Literatur mein einziger Anker waren. Mit sechzehn Jahren habe ich Latein gesprochen. Auf meinen eigenen verschrobenen Wunsch hin, der nichts mit meiner Familie zu tun hatte. Ich war schon immer reaktionär! Schon als ich klein war, gefiel mir nur das, was sehr alt war oder irgendwie im Zusammenhang mit der Vergangenheit stand. Erst als ich mit einundzwanzig Jahren nach Japan zurückkehrte, habe ich die Moderne für mich entdeckt.

Konnten Sie denn zumindest im Studium glänzen?
Ich war leidenschaftlich bei der Sache und sehr fleißig. Aber mein Sozialleben war trotz meiner verzweifelten Versuche die reinste Katastrophe. Ich erinnere mich, dass ich mehrmals zum Gespött des Hörsaals wurde. »Wie bescheuert!«, hörte ich es schreien, nachdem ich eine Frage gestellt hatte. Ich versichere Ihnen: Ich war wie eine Aussätzige.

Das ist unbegreiflich. Sie waren hübsch, nett, kultiviert …
Hübsch, na ja. Ich weiß nicht, als was ich heute äußerlich gelte, aber ich bin überzeugt, dass ich mit fünfzig besser aussehe als mit achtzehn. Ich fühlte mich so unwohl in meiner Haut. Darum versuchte ich es mit dem Nachtleben. Ich erinnere mich an schlecht besuchte Unipartys, an aufregende Garagenfeten mit äußerst dubiosen Leuten. Ich hatte einige wenige Liebesabenteuer, die völlig widerwärtig, ja sogar demütigend waren, aber ich sagte mir: Das ist immer noch besser als gar nichts zu erleben. Da stand ich nun. Das Ergebnis einer glücklichen Kindheit und einer chaotischen Jugend, die in mir die Überzeugung geschürt hatte, mein Leben sei futsch. *No future.* Aus und vorbei! Ich kannte zwar das Wort Punk nicht, aber meine Denkweise entsprach dem vollkommen. Mit fünfzehn Jahren war ich mir nicht sicher, ob ich überhaupt noch lebte. Immerhin hat die Magersucht meine Aufmerksamkeit zumindest in eine andere Richtung gelenkt. Ich war nicht länger besessen von dem Gedanken »es ist alles nichts wert wegen dem, was mir passiert ist«, sondern »es ist alles nichts wert, weil ich nichts essen kann«. Paradoxerweise war das ein Schritt in Richtung Rettung.

Sie zitieren häufig den Satz von Nietzsche, der ebenfalls Philologe war: »Was mich nicht umbringt, macht mich stärker.«
Das stimmt. Die Idee des Kampfes ist interessant. Und das Leben hat mich gelehrt, dass ich letztlich robuster bin, als ich dachte. Aber man darf Prüfung und Erniedrigung nicht verwechseln. Die Magersucht war eine Prüfung, denn ich musste kämpfen. Was mir mit zwölf Jahren passiert ist, war eine Erniedrigung. Und die Erniedrigung bleibt für immer bestehen. Sie ist der Grund für die enorme Verletzlichkeit, die ich jeden Morgen bezwingen muss, und für die existenzielle Notwendigkeit des Schreibens, die daraus resultiert. Jeden Morgen muss ich aufs Neue kämpfen. Jeden Morgen geht alles wieder von vorn los. Denn die dunklen Kräfte sind noch immer in mir.

Ist dies das »unaussprechliche Geheimnis«, welches Sie schon oft erwähnt haben, ohne es konkret zu benennen?
Ja, natürlich.

Dieser sexuelle Übergriff, als Sie zwölf Jahre alt waren?
Den ich noch immer in mir trage.

Das bezeichnet man als Trauma.
Zweifellos. Aber mir gefällt die Vorstellung der Erniedrigung, der Degradierung: Ich war wie ein kleiner Soldat, dem man die Tressen weggenommen hat.

Warum sprechen Sie von dunklen Kräften?
Weil ich das Ganze, als ich einmal für längere Zeit im Amazonas-Regenwald war, in einem Trance-Zustand als Bild fassen konnte: diese Dämonen, die noch immer da wa-

ren und die ich mit aller Kraft versuchte, aus meinem Körper zu vertreiben. Eine unglaublich brutale Teufelsaustreibung. Ohne Erfolg. Also habe ich mir gesagt: Amélie, du lebst schon so lange damit in dir …

So viele Frauen haben das Geheimnis einer Vergewaltigung in sich begraben.

Das ist grauenhaft. Und, ich denke, eine Generationsfrage. Wenn ich überhaupt einmal über dieses Erlebnis gesprochen habe, mit älteren Personen allerdings, habe ich nur scheußliche Reaktionen geerntet. Es herrscht noch immer die Vorstellung, dass letztlich das Opfer schuld ist. Nicht umsonst hat mir diese Geschichte so zugesetzt. Man hat mir eine Schuld zugewiesen, die ich schließlich verinnerlicht habe.

Warum haben Sie diese Reise in den Amazonas-Regenwald gemacht, die Sie gerade erwähnt haben?

Corine Sombrun hat mir mit ihren Büchern Lust darauf gemacht. Sie ist Schamanin. Ich bin das zwar nicht, aber ich bin »ein guter Empfänger«. Und ich hatte Lust, mich derselben Erfahrung wie sie auszusetzen – einer Begegnung mit »den Geistern« – im tiefsten Amazonas-Regenwald, bei den Indianern. Die Bedingungen sind hart, die Essensvorschriften und Regeln sehr strikt. Das ist alles andere als ein Vergnügen. Und es kann sogar gefährlich sein. Aber für mich war es unglaublich: Der Kontakt mit dem Geist, den man sieht, den man hört, den man spürt; das Wiedersehen mit verschiedenen Toten; der Zugang zu einem wimmelnden Paralleluniversum, das ansonsten unsichtbar ist. Es hat mir die Tür in eine andere Welt geöffnet.

Haben Sie über diese Erfahrung geschrieben?

Ja, obwohl das sehr schwer war. Aber mein Verleger hat das Manuskript abgelehnt. »Hören Sie«, hat er zu mir gesagt, »die Leute glauben ohnehin schon, dass Sie verrückt sind. Wollen Sie Ihnen den Beweis auch noch auf dem Silbertablett servieren?«

Aber was ist mit der Freiheit der Schriftstellerin, über ihre Erfahrungen zu schreiben?

Kommen Sie, worüber soll ich mich beschweren? Sechsundzwanzig von achtundzwanzig Büchern wurden angenommen. Und ich gebe zu, dass ich seine Argumentation durchaus verstehen konnte: Ayahuasca zu nehmen, ist in Peru legal. Aber in Frankreich gilt dieses Gebräu auf Basis von Lianengewächsen als Droge und ist nicht zugelassen. Ich habe Leute gesehen, die sehr schlechte Erfahrungen damit gemacht haben, dafür will ich nicht verantwortlich sein. Nein, Ayahuasca zu nehmen ist nicht cool, und ich will keine Werbung dafür machen. Also, kein Buch darüber. Aber das Thema ist zu wichtig, als dass ich es nicht eines Tages in irgendeiner Form noch einmal aufgreifen würde. Denn ich bin tatsächlich der Göttin Ayahuasca begegnet, eine wunderschöne Frau, die mich in den Arm genommen, mit mir getanzt und mir gesagt hat, dass sie mich liebe. Das war mein Lebenszweck. Ich weiß, dass man mich für wirklichkeitsfremd halten wird. Aber das ist mir egal. Das war kein Hirngespinst. Ich habe das ganz sicher erlebt, und es war unvergleichlich. Wirklich unvergleichlich. In Sachen Lust habe ich, glaube ich, alles erlebt, was ich wollte, aber das hier, das war jenseits von Lust und wundervoller als alles andere. Und es hat mir endlich eine Art von Weiblichkeit eröffnet, die nichts zu tun hat mit den weinerlichen, kraftlosen und mutlosen Wesen, die Montherlant in *Die jungen Mädchen* beschreibt, das zu den wichtigsten Büchern meiner Jugend zählt und dazu geführt hat, dass ich die Vorstellung fürchterlich fand, eine Frau zu werden.

In Ihrem letzten Roman Frappe-toi le cœur *geht es um Mutterliebe. Insbesondere um die Mutter-Tochter-Beziehung. Ist das etwas, was Sie fasziniert?*

Und wie! Ich, die ich keine Kinder haben wollte, abgesehen von den vielen Kindern auf Papier – denn ich gehe mit jedem Buch »schwanger« –, ich hätte auch sagen können: Ich wäre nicht die, die ich heute bin, wenn ich als Kind nicht so verrückt nach der Liebe meiner Mutter gewesen wäre. Meinen Vater liebte ich auch, aber nicht so rauschhaft. Mein Rausch, das war meine Mutter.

Ich sagte ihr ständig: »Maman, ich hab dich lieb. Maman, hab mich lieb!« Sie antwortete: »Aber ja, ich hab dich lieb, ich hab dich lieb!« Ich ließ nicht locker: »Ja, aber du sollst mich noch lieber haben!« Und da sagte sie mir schließlich diesen ungeheuerlichen Satz, als ich neun Jahre alt war: »Wenn du willst, dass ich dich noch lieber habe, dann musst du mich davon überzeugen.« Ich protestierte lauthals: »Aber du bist doch meine Mutter, es ist deine Aufgabe, mich zu lieben!« Und obwohl sie sonst so freundlich war, entgegnete sie mir sehr entschieden: »Liebe ist keine Pflicht.« Und ich gebe ihr Recht. Sie hat mich gewappnet mit dieser Antwort. Und ich habe verstanden: Wenn du willst, dass man dich lieb hat, mein Mädchen, dann gib dir Mühe! Nichts kommt von selbst. Noch nicht einmal die Mutterliebe. Ich hatte Glück, meine Mutter hat mich geliebt. Aber ich hatte so viele Freundinnen, deren Mütter sie nicht liebten und sogar eifersüchtig auf sie waren. Diese fehlende Liebe ist eine Wunde, die nie heilt und Schlimmes nach sich zieht.

Sie werden bald fünfzig. Beunruhigt es Sie, wie die Zeit vergeht?
Die Maschine läuft nicht mehr so rund, das stelle ich durchaus fest. Langsam fängt es an mit den kleinen Zipperlein, ich muss zur Krankengymnastik wegen meiner Schulterschmerzen, weil ich acht Stunden am Tag schreibe. Aber das ist belanglos. Was mich wirklich beunruhigt, ist der Gedanke, meine Eltern zu verlieren. Sie leben beide noch, und darüber freue ich mich. Aber ich weiß, dass man einen Verlust, selbst einen großen, mit zwanzig deutlich besser verwindet als mit fünfzig. Ich bin nicht mehr jung. Das bedeutet also, dass ich eines Tages sehr leiden werde angesichts eines so gravierenden Verlustes.

Sie haben schon öfter gesagt, dass Ihre Bücher zusammengenommen eine Art Rätsel ergäben, das erst zu entschlüsseln sei, wenn man eines Tages alle gelesen habe.
Ich mache mich durchaus nicht lächerlich über meine Leser. Das Rätsel gilt gleichermaßen für mich.

Aber Sie ordnen es an, schließlich entscheiden Sie, welches der drei oder vier Bücher, die Sie im Laufe des Jahres geschrieben haben, am Ende veröffentlicht wird.
Ich wähle ein Buch aus, das ich gut finde und das tatsächlich einen Sinn innerhalb des »großen Bildes« ergibt.

Es gibt also durchaus einen Plan des großen Ganzen!
Ich zeichne einen Geoglyphen.

Wie bitte?

Meine Wahrheit liegt in Südamerika, das ist sicher. Die Geoglyphen sind gigantische Kunstwerke, die auf die Erde gezeichnet sind, sodass nur Vögel sie sehen können oder Götter. Besonders die Maya haben einige wunderbare Werke dieser Art geschaffen, und kein Mensch hat sie je als solche wahrgenommen, weil es damals noch keine Flugzeuge gab. Na ja, ich denke, dass ich auf meine Weise einen Geoglyphen schaffe. Ich weiß nicht, wer ihn eines Tages sehen wird, aber ich arbeite daran. Sie schmunzeln? Bitte, lassen Sie mir doch meinen Größenwahn! Lassen Sie mich an meinen Geoglyphen glauben! Ich finde das eine tolle Vorstellung.

Patti Smith

*Wie eine alte Apachin mutet sie an mit den langen weißen
Haaren, die das ausgemergelte Gesicht umrahmen. Ihr Blick
ist wohlwollend, und die dunkle Stimme, die mit* People Have
the Power *von den Bühnen der ganzen Welt tönte und sie bekannt gemacht hat, klingt voll und seidig, wenn sie von den
geliebten Menschen spricht, die nicht mehr leben. Nach jeder
Frage überlegt sie, lange, ernsthaft. Und man ahnt die große
Weisheit der Rock-Ikone und kleinen Schwester von Rimbaud.*

Ich wäre nicht die, die ich heute bin, wenn …

Wenn meine Mutter mich nicht derart entschlossen zur
Welt gebracht und um mein Leben gekämpft hätte. Ich war
sehr krank. Das war 1946, und man konnte damals die
Lungenkrankheit noch nicht heilen, mit der ich geboren
wurde. Die Ärzte wussten nicht, ob ich überleben würde,
und mein Vater hat mich auf dem Arm stundenlang in den
Dampf einer Waschschüssel gehalten, damit ich atmen
konnte. Er hat mir das Leben gerettet. Darum beruht mein
Dasein auf ungeheurer Dankbarkeit, und wären da nicht
noch andere Gründe gewesen, dann hätte der Wunsch, meinen Eltern zu danken, als absoluter Lebenswille gereicht.
Ich habe daher niemals irgendwelche Dummheiten gemacht,

die mich hätten in Gefahr bringen können, oder je Probleme mit Alkohol oder Drogen gehabt. Im Gegenteil! Ich habe immer alles dafür getan, um dieses kostbare Leben zu schützen, das sie mir geschenkt hatten. Und das ist bis heute so.

Ihre Generation war mit großen Gefahren konfrontiert, von Ihren Freunden leben etliche nicht mehr.

Das stimmt. Ich habe mehrere Freunde in Vietnam verloren. Viele sind auch an Drogen gestorben oder an Aids. Und an Krebs. Mein kleines Boot hat eine stürmische See erlebt, und ich habe irrsinniges Glück gehabt, dass ich sie bezwingen konnte. Ich bin noch immer da.

Glück? Stärke? Willenskraft?

Besessene Leidenschaft für das Leben, für Menschen, Natur, Pflanzen, Bäume, Blumen, Reisen. Und vor allem ein unstillbares Verlangen nach dem, was andere erschaffen. Sie können sich nicht vorstellen, wie wichtig Bücher in meiner Kindheit waren. Ich dachte immer nur: Ein neues Buch! Schnell, ein neues Buch! *Pinocchio, Peter Pan, Alice im Wunderland, Der Zauberer von Oz, Die vier Töchter des Doktor March*, Intrigen, Krimis und später, als ich älter wurde, unendlich viele andere Werke, eins wundervoller als das nächste. Sie waren mein Antrieb. Und außerdem natürlich all das andere: Rock'n'Roll, Oper, Malerei, Fotografie, Film, Godard, Bresson, Kurosawa, Jackson Pollock und Sylvia Plath … Alles, was der geniale menschliche Geist hervorbringt. All die Werke, die es zu entdecken gilt, die das Glück, am Leben zu sein, und die Lust an der eigenen Arbeit wachhalten.

Sie haben mehrmals tiefe Trauer durchlebt. Woher haben Sie die Kraft genommen, sich davon zu erholen, und die Lust, wieder künstlerisch tätig zu sein?

Nach dem Tod von Fred, meinem Mann, und einen Monat später dem von Todd, meinem geliebten Bruder, war ich völlig am Boden, körperlich und emotional. Ich war zu nichts mehr in der Lage, aber ich wusste, dass das Verlangen und der Drang, kreativ zu arbeiten, noch lebendig waren, nur geschwächt. Ich habe angefangen, Polaroids zu machen. Das war einfach und direkt. Und wenn das Foto gut geworden war, fühlte ich mich wieder wertgeschätzt. Mehrere Monate lang habe ich täglich ein bis zwei Bilder gemacht. Meistens nur ein einziges. Und diese Fotos haben mich unter anderem gerettet. Ich war natürlich für meine Kinder verantwortlich, um die ich mich kümmern musste, und darüber hinaus hatte ich kaum Energie. Aber diese Fotos waren kleine Schritte, um wieder Kraft zu schöpfen und mir Mut zu geben, die Platte aufzunehmen, die ich ursprünglich mit Fred hatte machen wollen. Als Hommage. Meine Freunde haben mir sehr geholfen, wieder auf die Beine zu kommen. Aber ich bin auch ein echtes Arbeitstier.

Trotz dieser ungebrochenen Kraft spricht aus Ihren Gedichten und Büchern eine tiefe Melancholie.

Als ich *M Train* schrieb, quälte mich ein Unbehagen, das ich nicht greifen konnte. Ich war natürlich mit der Lücke, die der Tod gerissen hatte, konfrontiert und mit der wiederholten tiefen Trauer, die mir meine Freude genommen hatte. Aber das allein war es nicht. Erst am Ende des Buches habe ich begriffen, woher dieses anhaltende Unbehagen rührte. Mein Alter! Mein Alter holte mich ein. 67 Jahre war ich damals. Heute sind es 70. Ja, ich hatte eine Linie überschritten. Ich wurde alt, tatsächlich. Es war an der Zeit, mich mit meiner Endlichkeit auseinanderzusetzen. Ich musste dringend die begrenzte Zeit ins Auge fassen, die mir blieb, um meine Kinder zu sehen und die Pläne zu verwirklichen, die ich im Kopf hatte. Nie zuvor hatte ich darüber nachgedacht. Ich war immer unbekümmert gewesen, was mein Alter anging oder meine äußere Erscheinung. Kindisch. Doch jetzt drängte sich die Endlichkeit plötzlich auf, kalt. Schließlich habe ich den Lauf der Dinge akzeptiert oder mich zumindest damit versöhnt. Und jetzt, wo ich weiß, was an mir nagte, geht es mir viel besser.

Wie kann man der Lücke, die der Tod hinterlässt, begegnen?
Ich habe erfahren, dass die Liebe zwischen uns und den geliebten Menschen, die wir verlieren, nicht stirbt. Die Liebe stirbt nicht! Ihre Mutter kann sterben, aber dadurch bricht keinesfalls ihre Liebe für sie ab. Sie ist da, sie ist in Ihnen! Daran muss man sich festhalten. Während ich mein Buch schrieb, war ich durchströmt von einer Wärme, und ich begriff, dass das die Liebe meines Bruders war. Er half mir dabei, die kleine, schwache Flamme in meinem Innern wieder anzufachen. Und ich tue alles dafür, dass sie nicht erlischt. Denn ich bin von Liebe umgeben. Der meines Vaters, meiner Mutter, Robert Mapplethorpes, meines Mannes, meiner Hunde. Mag sein, dass ich in dieser Lebensphase allein bin, also keinen Lebenspartner habe, aber ich bin nicht ohne Liebe. Und indem ich schreibe und darin meine Traurigkeit auslote, kann ich sie verändern und ihr Gegenstück entdecken, nämlich die Freude. Ich schreibe nicht in der Absicht, das Leben zu verherrlichen. Aber das Arbeiten aus

einem kreativen Anstoß heraus ist an sich schon Ausdruck des Lebens. Leidenschaft.

Haben Sie den Eindruck, dass die, die nicht mehr da sind, Ihnen bei der Arbeit zuschauen?
Das ist ein sehr heikles Thema. Ich versuche, kein Prinzip daraus abzuleiten oder irgendetwas Endgültiges darüber zu sagen, aber tatsächlich spüre ich Robert oder meine Mutter manchmal direkt neben mir. Es ist noch gar nicht lange her, da habe ich versucht, ein Foto zu machen, und es gelang mir einfach nicht. Obwohl das Objekt da war. Doch ich schaffte es nicht, es richtig einzustellen. Was stimmt denn bloß nicht?, fragte ich mich ärgerlich. Und auf einmal spürte ich, dass Robert da war: »Beweg dich ein Stück nach links, dorthin, etwas höher.« Ich sagte: »Okay. Ja klar, mach ich.« Und genau das war es. Manchmal, wenn es richtig gut für mich läuft, fast zu gut, wenn ich den Eindruck habe, ich hüpfe von Stein zu Stein über den Fluss, ohne ins Wasser zu fallen, dann denke ich: »Sieh an, da hilft mir doch gerade meine Mutter.« Oder jemand anderes. Und ich weiß, dass William Burroughs oder mein Mann manchmal bei mir sind. Oder ich bei ihnen. Aber das ist etwas sehr Zerbrechliches, das sich rasch auflöst, wenn man zu nah herangeht. Jedenfalls glaube ich an diese Dinge. Ich will nichts ausschließen.

Man muss allerdings aufmerksam sein, oder?
Es liegt nicht in unserer Hand. Ich war bei meinem besten Freund Allen Ginsberg, als er starb. Und damals sagten einige Buddhisten: »Ginsberg war bestimmt ein schlechter Buddhist, weil er nicht gehen will! Er scheint hier bleiben

zu wollen!« Und tatsächlich konnte ich Allens Präsenz noch wochenlang spüren. Auch als Robert starb, spürte ich ihn monatelang an meiner Seite. Zum Beispiel wenn ich gerade Kleider zusammenlegte, dann sah ich ihn. Andere, die ich liebte, sind dagegen sofort gegangen, weit weg, ganz weit weg, pffft! Befreit von ihrem Kummer oder ihren Schmerzen. Man kann es nicht von ihnen erwarten, dass sie sich offenbaren, man kann sich nur bereithalten. »Es ist nicht so, dass die Toten nicht sprechen«, hat Pasolini gesagt. »Aber wir wissen nicht mehr, wie man ihnen zuhört.« Ich habe dieses Zitat gelesen, bevor ich selbst einen schmerzlichen Verlust erlebt hatte, und fand es sehr lehrreich. Wie Jim Morrison, der gesungen hat: »You can't petition the Lord with prayers.« Man muss innerlich zur Ruhe kommen und warten. Um Gott in sich zu spüren. Oder die eigene Mutter. Aber man kann nichts einfordern, sondern nur offen sein für eine Begegnung und dankbar, wenn sie sich ereignet. Das ist nicht anders als bei Jeanne d'Arc, die Stimmen hörte, oder bei Bernadette de Lourdes, der die Maria erschienen ist. Sie haben nichts verlangt. Das ist weder Zauberei noch Zirkus. Und auch keine Wissenschaft. Das ist die Poesie des Glaubens.

Ihre Familie war extrem religiös.

Vor allem meine Mutter. Meine Schwester Linda ist noch heute zutiefst religiös. Und auch ich war als Kind fasziniert von dem Gedanken an Gott. Seit meine Mutter mir mit zwei oder drei Jahren davon erzählt hat, gefiel mir diese Vorstellung. Sie bedeutete, dass es etwas Größeres als uns gab, zu dem unsere Phantasie schweifen konnte und mit dem wir reden konnten. Und dann, als ich älter war, wurde

mir die Religion mit ihren zwanghaften Regeln und Ver-
mittlern zwischen Gott und uns unerträglich. Die reinste
Tyrannei! Ich habe nicht Gott oder Jesus aus dem Blick
verloren, aber die Religion und ihre Regeln fallen gelassen,
die mich extrem einengten.

Wobei haben Sie am meisten Glück gehabt in Ihrem Leben?
Dass ich so viele Krankheiten überlebt habe. Ich kann Ihnen gar nicht sagen, wie oft meine Mutter beim Arzt geweint
hat, der ihr meinen Tod ankündigte. Aber das war nicht allein Glück. Ich wollte unbedingt leben. Und natürlich war
es mir vergönnt, Mapplethorpe mit zwanzig Jahren zu treffen und lauter andere großartige Menschen: Ginsberg, Burroughs, Corso, Shepard … Aber kann man dabei wirklich
nur von Glück sprechen? Schließlich war das alles nicht einfach, wie Sie wissen, ich habe das alles ja nicht auf dem Silbertablett serviert bekommen. Ich war ein bisschen zu ma-
ger, unattraktiv, hatte schlechte Haut, die Leute machten sich
über mich lustig. Das Leben hätte auch ganz anders laufen
können, wenn ich nicht so eine besessene Arbeiterin gewesen wäre und mein ganzes Leben lang geschuftet hätte. Und
dazu die Überzeugung, die ich schon sehr früh erlangte,
dass ich ein Leben im Zeichen der Kunst führen würde und
eines Tages Schriftstellerin wäre. Das habe ich mir gewünscht, seit ich acht oder zehn Jahre alt war. Vielleicht
hatte ich dabei das größte Glück.

*Woher kam diese Überzeugung, dass die Kunst das Wichtigste
in Ihrem Leben war?*
Das hat mich angesprochen! Ich bin in den Fünfzigerjahren groß geworden, als die Leute, die den Krieg miterlebt

hatten, sich in ihrer unglaublichen Angepasstheit für modern hielten, weil sie von Standardhäusern träumten, von Polyesterkleidung und neuen Sachen, möglichst aus Plastik. Lauter Dinge, die ich verabscheute. Ich war damals völlig versunken in die Fotos von Julia Margaret Cameron und von Lewis Carroll, ich träumte davon, so auszusehen und gekleidet zu sein wie die Dichter des 19. Jahrhunderts, ich fand die Tassen aus englischem Porzellan toll, die die Leute auf dem Flohmarkt loswerden wollten, und stürzte mich auf ihre alten Bücher, von denen sie lieber eine Kurzfassung in *Reader's Digest* lasen. Natürlich war diese Welt von Männern beherrscht, und die nach ganz bestimmten Regeln geschminkten Mädchen mit Helmfrisur konnten lediglich Sekretärin, Köchin, Friseurin oder Mutter werden. Unvorstellbar für mich! Ich mit meinen langen Strähnen, den roten Flanellhemden und Latzhosen träumte von anderen Dingen. Die Geschichte von Jo March und dem Buch, das sie schrieb, hatte mich aufgewühlt, später Frida Kahlo, Marie Curie … Was wehte da für ein frischer Wind, als ich 1967 nach New York kam. Was für Möglichkeiten, sich neu zu erfinden oder ganz einfach endlich man selbst zu sein!

Wie erklären Sie es sich, dass so viele Zwanzigjährige auf Ihre Konzerte gehen oder Ihre Bücher lesen und Sie als Ikone betrachten?

Ich empfinde es als etwas Besonderes, dass sie dabei sind und sich einbringen, und vielleicht erkennen sie sich ja ein bisschen in mir wieder? Wissen Sie, als ich 1975 mein Album *Horses* gemacht habe, habe ich mich an all jene gewandt, die genau wie ich im Abseits standen, so etwas wie die schwarzen Schafe und davon überzeugt waren, allein zu sein. Ich habe *Horses* gemacht, um ihnen zu zeigen, dass noch jemand ihre Sprache spricht. Und dass man den Mut haben muss, man selbst zu sein. Aber der Weg, den ich aufzeige, ist nicht der leichteste. In *My Blakean Year* heißt es: »One road was paved in gold and one road was just a road.« Na ja, ich selbst habe mich für den zweiten Weg entschieden, einen mühsamen Weg, der Opfer forderte. Aber einen Weg, der mich erfüllte, denn wenn man seinem kreativen Antrieb folgt und seine Träume verwirklicht, mündet das am Ende in Freude.

Sprechen Sie mit den jungen Leuten darüber? Fühlen Sie sich ihnen gegenüber verantwortlich?

Na, sie werden doch selbst ausprobieren, was das Leben alles zu bieten hat, und sie werden aus ihren eigenen Fehlern lernen. So wird man schließlich erwachsen. Wenn sie mich fragen: »Patti, was sollen wir tun?«, dann sage ich lediglich: »Putzt euch die Zähne!« Soll heißen: Passt auf euch selbst auf! Lebt möglichst gesund. Vermeidet alles, was euch süchtig oder irgendwie abhängig macht! Das habe ich schon sehr früh beschlossen, als ich meine Mutter sah, die drei bis vier Schachteln am Tag rauchte und beinahe zusammenbrach, sobald sie keine Zigaretten mehr hatte. Ich habe mich ganz bewusst dafür entschieden, frei und von nichts abhängig zu sein. Außer vielleicht von der Kunst. Oder von der Liebe. Selbstschutz als Lebenseinstellung. Ansonsten …

Was würde die junge Patti Smith, die 1967 in einem besetzten Haus in New York lebte und zwar pleite, aber zuversichtlich war, wohl über den heutigen Star denken, der gerade in Paris ein Buch bei Gallimard veröffentlicht hat?

Ich glaube, dass sie glücklich wäre über das, was aus mir geworden ist. Vielleicht täte es ihr leid, dass ich heute keinen *boyfriend* habe, aber sie würde sich in meiner Arbeit und meiner Lebensart wiederfinden. Ich wäre ihr nicht fremd.

Virginie Despentes

Sie schreibt geistreiche Bestseller wie mit dem Seziermesser.
Und für die Frauen, die, manchmal noch vor Simone de Beau-
voir, ihre King Kong Theorie *gelesen haben, ist dieser Text*
sofort zur Bibel eines komplexbefreiten Feminismus avanciert.
Gewiss gehört sie zu den stärksten Stimmen des französischen
Romans. Virginie Despentes in ihrer Wohnung in der Nähe
der Buttes-Chaumont zu interviewen war die reinste Freude.
Diese umwerfend nette, kluge Frau mit dem klaren Blick ver-
birgt einen weichen Kern hinter ihrem muskelgestählten, täto-
wierten Körper.

Ich wäre heute nicht die, die ich bin, wenn …
   Wenn ich nicht mit dreißig Jahren aufgehört hätte zu trinken. Zum Glück habe ich mich ziemlich früh dazu entschlossen. Und kapiert, dass das nicht zu all dem passte, wozu ich
damals Lust hatte. Alkohol ist wahrscheinlich eine der reiz-
vollsten und wichtigsten Drogen in meinem Leben gewesen,
aber ich hätte die *King Kong Theorie* und all die Bücher danach nicht schreiben können, wenn ich nicht damit aufgehört hätte. Dass es mir heute, mit achtundvierzig Jahren, so
gut geht, ich viel ausgeglichener bin und mein Leben ent-
spannter, ruhiger ist – ich nenne das Verbürgerlichung –, das

hat mit dieser Entscheidung zu tun, das weiß ich. Das Leben führt sozusagen durch verschiedene Länder. Und in das Land, in dem ich seit mehreren Jahren lebe, konnte ich nur gelangen, indem ich über meine Abhängigkeit von weichen Drogen, vor allem von Alkohol, nachgedacht habe, durch Disziplin und Anstrengung. Ich bin für die Legalisierung von Drogen generell. Aber wenn etwas legal ist, ist es nicht unbedingt harmlos. Die Leute machen sich das nicht klar und wissen überhaupt nicht, wie schwer es ist aufzuhören. Darum will ich dieses Thema in meinem nächsten Buch anpacken.

Wann haben Sie angefangen zu trinken?
Das erste Mal war ich zwölf Jahre alt, ich erinnere mich noch ganz genau. Das war 1982 bei einer Hochzeit in Nancy. Ich habe ein Glas getrunken, bin hinten übergekippt und habe gedacht:»Wow! Was für ein Zeug! Das ist genau das Richtige für mich!« Und ich habe mich in den Alkohol verliebt. Richtig verliebt.

Wegen seiner Rauschwirkung?
Ja. Ich hatte meinen Stoff gefunden. Und dann ging es sehr schnell, dass ich als Jugendliche regelmäßig mit anderen zusammen Alkohol getrunken habe, in Bars, auf Partys, mit den Cliquen. Eigentlich habe ich alles, was nicht zu Hause stattfand, gelernt, unter Alkohol zu tun, und zwischen dreizehn und achtundzwanzig durchaus mit echter Freude, begeistert und schonungslos. In den Texten, die ich damals las, gab es viele Figuren, die auch tranken und zu Freunden für mich wurden. Lauter Schriftsteller haben eine Liebesgeschichte mit dem Alkohol und spicken ihre Bücher mit Geschichten von Trinkgelagen. Ich war also ein junger

Mensch, der lange glücklich und aus Überzeugung getrunken hat. Und dann, mit achtundzwanzig Jahren, hat es Klick gemacht. Es passte nicht dazu, dass ich Autorin wurde. Diese Mittagessen, nach denen ich nicht mehr in der Lage war, noch irgendetwas mit dem Rest des Tages anzufangen. Oder die Leute, die ich gar nicht kannte und mit denen ich plötzlich völlig unangebracht intim wurde, weil ich völlig besoffen war ...

Sie hatten keine Kontrolle mehr.
Ja. Und mir wurde klar, dass ich nicht in der Lage war, mich in eine gesellschaftliche Situation zu begeben, ohne zu trinken. Und in Frankreich gibt es schließlich überall Alkohol ... Also habe ich angefangen, mich anhand meiner Kalender, in denen ich alles notiere, zu fragen, ob die Zechereien im letzten Jahr es wert waren. Zwei Jahre vorher hätte ich noch gesagt: Ja, es war super. Aber zu dem Zeitpunkt musste ich tatsächlich nein antworten. Mir eingestehen, dass ich meistens Dinge gesagt oder getan hatte, mit denen es mir am nächsten Tag schlecht ging. Und dass ich ziemlich oft aufgewacht war und »Oh je« gedacht hatte. Ich musste etwas tun. Aber das ist äußerst kompliziert! Es geht nicht einfach um die Frage »trinken oder nicht trinken«. Es geht um die gesamte Lebensweise. Und um eine Person, die bis dahin vom Alkohol bestimmt war und jetzt völlig neu erfunden werden musste. Ich habe zum Beispiel mit dreißig Jahren festgestellt, dass ich schüchtern bin. Das wusste ich nicht.

Haben Sie sich Hilfe gesucht?
Ich habe mich vor allem mit jemandem getroffen, der zur selben Zeit mit dem Trinken aufgehört hat wie ich. Und

wir haben alles neu gelernt, Stück für Stück. Ausgehen, essen, auf ein Konzert gehen. Alles musste neu erfunden werden. Und wir haben uns gegenseitig geholfen. Wenn man dem anderen gegenüber verantwortlich ist, ist es undenkbar, schwach zu werden. Und wenn man dann clean ist, ist es prima, sich beim Nachhausekommen mit dem anderen austauschen und die Dinge noch mal genau durchgehen zu können. Wenn ich daran zurückdenke, glaube ich, dass ich dadurch auch weitergekommen bin bei der Überlegung, was Schreiben eigentlich ist und warum es so viele Ängste auslöst. Ich schreibe jetzt seit fünfundzwanzig Jahren, und die Angst ist noch immer da. Ich habe nur einfach akzeptiert, dass sie dazugehört und nicht verhindert, dass ein Buch entsteht. Aber man muss die Phasen durchmachen, in denen man der absoluten Überzeugung ist, man schafft es nicht, das Buch ist total schlecht, und man wird niemals wieder schreiben.

Ist das ein Gefühl, das sie mit Ihren Schriftstellerkollegen teilen?
Selbstverständlich. Aber ich frage mich, ob ich mich nicht öfter mit Frauen über diese Angst vor dem Schreiben unterhalte. Ich weiß nicht, ob es daran liegt, dass sie die Momente, in denen sie verletzlich sind, eher zugeben oder ob ein kollektives Unbewusstes uns anfälliger für die Angst davor macht, sich selbst das Schreiben und Veröffentlichen zu erlauben. Das wäre interessant, sich genauer damit zu beschäftigen. Sich selbst das Veröffentlichen zu erlauben, ist letztlich etwas sehr Männliches. Geschichten und die Geschichte zu erzählen war jahrhundertelang ein männliches Vorrecht. Das ist unser Erbe. Und im Grunde bemerken wir oftmals gar nicht, wenn wir dagegen verstoßen.

Dass eine Holzfällerin gegen das männliche Vorrecht verstößt, ist offensichtlich. Dass eine Schriftstellerin das tut, nicht. Es ist übrigens kein Zufall, dass es so viel Streit über die weibliche Form dieses Wortes gab. Niemand hat sich gesträubt, als von Briefträgerinnen die Rede war. Aber was für ein Geschrei, als man Schriftstellerin oder Autorin in Frankreich sagte! Als ob es noch immer um die Frage der Berechtigung ginge.

Haben Sie schon immer geschrieben?
Oh ja, schon immer! Seit ich Sophie de Ségur gelesen habe, habe ich Geschichten über kleine Mädchen in Dialogform geschrieben. Das war sogar eine der wenigen Situationen, in denen meine Mutter mich ermutigt hat. Ich erinnere mich, wie ich ihr eine Geschichte gezeigt habe, die ich in ein großes Heft geschrieben hatte, und dass sie davon ein bisschen beeindruckt war. Da hatte ich ausnahmsweise einmal das Gefühl, etwas gut gemacht zu haben. Ansonsten habe ich vor allem Briefe geschrieben. An alle. Meine Cousinen, meine Schulfreundinnen … Ich schrieb Briefe wie eine Wahnsinnige. Ich bekam einen Brief und antwortete noch am selben Tag. Ich fand es so schön, Post zu bekommen! Und ich habe das weiterbetrieben, als ich mit vierundzwanzig nach Paris kam. Ich schrieb zehn, zwölf Seiten lange Briefe und bekam selbst wunderschöne zurück, die die damalige Zeit widerspiegelten. Leider habe ich alle weggeworfen.

Sie waren also ein sehr geselliges Kind.
Ja. Sehr offen für andere und für die ganze Welt. Sehr fordernd: »Was zeigst du mir heute Tolles und Unglaubli-

ches? Was liest du? Was denkst du? Was kennst du, was ich noch nicht kenne?« Überzeugt davon, dass die Welt voller genialer Dinge steckte, die ich schnell entdecken musste. Ich mochte die Schule, ich war sogar Klassensprecherin, aber ich war ungeduldig und scharrte immer mit den Hufen.

Und warum wurden Sie dann mit fünfzehn Jahren in eine psychiatrische Einrichtung eingewiesen?

Ich war eine echte Granate mit einer unglaublichen, aber unkontrollierbaren Lebenslust. Der Drang, mich in die Welt zu stürzen, war so stark, dass es undenkbar war, zu Hause zu bleiben. Ich konnte nichts verpassen, kein Konzert in Paris, zu dem ich trampen wollte, kein Festival, das in Deutschland geplant war. Unmöglich. Ich erinnere mich noch ganz genau an mein Jugendzimmer und dieses brennende Gefühl im Bauch: »Lasst mich hier raus!« Draußen fand das Leben statt. Draußen wartete das Abenteuer auf mich. Ich war eben fünfzehn. Das Alter, in dem jede Begegnung etwas mit dir macht, jede Entdeckung dich verändert. Ein besetztes Haus in Deutschland? Wow! Schon wieder eine Tür in eine neue Welt.

Jetzt, wo ich älter bin, verstehe ich die Verzweiflung meiner Eltern, die Angst, die sie dazu gebracht hat, mich einzusperren. Ich spreche nicht mit ihnen über dieses Thema, aber ich weiß, dass sie es nicht wieder tun würden. Ich finde es erstaunlich, dass man niemals einen Jungen eingesperrt hätte, der wie ich gut in der Schule war und sozial vollkommen unauffällig. Mädchen sperrt man schneller weg. Das ist schon immer so gewesen. In Klöster, in Schulen. Um sie in Schach zu halten. Selbstverständlich war das keine Lösung. Sie hatten mir gesagt, dass ich ausziehen könnte, wenn ich mein Abi und die Aufnahmeprüfung für eine Ausbildung hätte, und das habe ich geschafft. Und mit genau siebzehn Jahren bin ich ganz allein nach Lyon gezogen. Rundum glücklich und voller Lebenshunger.

Und dann werden Sie mit siebzehn Jahren vergewaltigt, als Sie nach einem London-Trip zurücktrampen.
Ja, unfassbar brutal. Aber ich wähle den Weg, den die meisten Frauen damals wählten: ich rede nicht darüber. Denn wir haben 1986, lange vor dem Internet, und ich weiß nicht, dass viele dasselbe erleben. Ich glaube, dass ich zu den Ausnahmefällen gehöre, zu den 0,0001 Prozent der Mädchen, die Pech hatten. Und sage mir, dass ich ein dickes Fell und schließlich überlebt habe und eigentlich gar nicht so traumatisiert bin. Also kann ich ebenso gut schweigen und nach vorn schauen. Wie Millionen von Frauen, denen man seit Jahrhunderten sagt: Wenn es dir passiert, sieh zu, wie du zurechtkommst, und sprich nicht darüber. Im Jahr 2017 sieht die Sache deutlich anders aus. Wenn du ins Netz gehst, kapierst du, dass es ständig passiert, dass es sogar eine Tat ist, die alle betrifft, unabhängig von sozialer Schicht, Alter und Charakter. Du kannst sogar lesen, dass Madonna sich getraut hat, von ihrer Vergewaltigung mit sechzehn Jahren zu erzählen. Das ist garantiert eine Riesenveränderung, dass jetzt darüber gesprochen wird, und damals hätte es mir bestimmt geholfen.

Wie, denken Sie, hat sich diese Erfahrung auf Ihr Leben ausgewirkt?
Wer ich geworden wäre ohne diese Erfahrung? Die Frage stelle ich mir oft, und ich kann sie nicht beantworten. Kann

ich mir dreißig Jahre später sagen, dass es vorbei ist? Oder bleibt man sein ganzes Leben lang eine, die vergewaltigt wurde? Auf jeden Fall lässt es einen nicht los. Ich komme immer wieder darauf zurück. Es prägt mich. Die Vergewaltigung spielt in fast all meinen Romanen, Kurzgeschichten, Liedern, Filmen eine Rolle. Ich kann nichts dagegen tun.

»Ich stelle mir immer vor, eines Tages einen Schlussstrich darunter ziehen zu können. Das Ereignis auszulöschen, rauszuschmeißen, ihm die Kraft zu nehmen. Unmöglich. Es ist grundlegend ...«, schreiben Sie 2007 in King Kong Theorie.

Ja. Es ist der Kern dieses Buches, das mir nicht leicht gefallen ist zu schreiben. Denn es macht einen nicht froh, darüber zu schreiben. Und du weißt nicht, ob du beim Erscheinen beschimpft oder gelyncht wirst. Du rechnest mit dem Schlimmsten und fühlst dich wie ein Samurai. Aber du weißt, dass es wichtig ist. Wie eine Mission. Als würdest du gerufen. Also tust du es. Und die Resonanz, die das Buch bei den Lesern hatte, ist wirklich großartig.

In den ersten Jahren in Lyon dreht sich alles um Musik – um Punkrock und Independent –, und Sie erleben eine unglaubliche Freiheit.

Völlig! Ich lebe mit anderen zusammen wie in einem Rudel, als Punk unter den fürchterlichsten Punks. Nieten überall, kurze Haare in allen möglichen Farben. Wir ziehen von Stadt zu Stadt, um uns Konzerte anzuhören, aber es wird nicht gern gesehen, wenn wir auf den Plätzen abhängen, sodass wir die Nacht häufig auf der Wache verbringen. Ich lese viel, schreibe Kurzgeschichten, sprühe vor Energie, fühle mich innig verbunden mit den Leuten aus meiner Gang, und am Ende jedes Jahres sage ich mir: »Wie wundervoll! All die Menschen, die ich treffe! Was ich alles lerne!« Natürlich ist es nicht immer einfach und auch gefährlich, aber ich erlebe das große Glück einer Lebensphase ohne Zwänge und ohne Kompromisse.

Unter den vielen Jobs, die Sie im Laufe der Jahre – vor allem im Musikbereich – hatten, gibt es einen, der alles andere als unverfänglich ist …
Die Gelegenheitsprostitution. Zwei Jahre lang. Dank Minitel. Ideal, um innerhalb von zwei Tagen viertausend Francs zu verdienen. Netto. So viel wie der Mindestlohn.

Hatten Sie nicht den Eindruck, damit ein letztes Tabu zu brechen?
Deutlich weniger als bei meinem ersten Fernsehauftritt. Das Gefühl, mich zu beschmutzen, meine Intimität zu verkaufen, das hatte ich nach einem Interview auf Canal+, wo es um mein erstes Buch *Baise moi (Fick mich)* ging. Am nächsten Tag erkannten mich die Leute auf der Straße, ich gehörte mir nicht mehr allein und verlor die Anonymität, die mir in Paris so wichtig war. Aber mit meinem ersten Kunden: ehrlich gesagt nicht. Ich war so baff, so viel Geld in einer halben Stunde zu verdienen. Schluss mit meinem dämlichen Job bei Auchan! Und das Bild des »leichten Mädchens« schreckte mich als junge Punkerin durchaus nicht. Und man muss ja auch deutlich sagen: Damals interessierten mich Jungs und Sex. Es war ja nicht so, dass ich nichts erlebt hatte. Ich fand es großartig, mit allen zu schlafen. Punkt. Ich brauchte mir also nur einen kurzen Rock und Stöckelschuhe zuzulegen und bin völlig unbeschwert in die-

sen Job reingegangen. Später war das anders, als ich nach Paris kam, wo ich weniger Anknüpfungspunkte hatte und wo die weißen, erhabenen russischen Nutten, die dort ankamen, den Markt total umgekrempelt haben.

Was haben Sie daraus gelernt?

Wahnsinnig viel! Und seltsamerweise sind mir die Jungs dadurch eher sympathischer geworden, ich fand sie fast rührend – weil ich diesen Beruf glücklicherweise nur kurz gemacht habe. Ich sah eher ihre Verwundbarkeit und Verzweiflung. Und ich denke, dass diese Typen sich einer Prostituierten gegenüber eher besser verhalten haben als einem Mädchen, das sie in einer Bar kennengelernt hatten.

Sie haben geschrieben, dass diese Erfahrung entscheidend war, um nach der Vergewaltigung wieder Fuß zu fassen.

Das glaube ich, ja. Der Sex wurde dadurch auf jeden Fall wieder aufgewertet. Er hatte seinen Wert nicht verloren, denn ich konnte ihn verkaufen, für sehr viel Geld, und viele Male. Das hat mir wieder Macht verschafft: Jetzt war ich es, die über meinen Körper bestimmte und daraus einen Vorteil zog. Sicher war es kein Zufall, dass ich gerade damals *Baise-moi (Fick mich)* geschrieben habe und wollte, dass das Buch veröffentlich wird. Das war ein Zeichen meiner Macht. Ich bin aus der Masse herausgetreten und habe das Wort wieder ergriffen.

Haben Sie sich zu diesem Zeitpunkt gefragt, was Weiblichkeit eigentlich ist?

Nein, darüber habe ich schon immer nachgedacht, weil das für mich nie selbstverständlich war. Meine Mutter ist

Feministin, und ich habe sehr früh Texte zum Thema gelesen. Ich wusste, dass das nicht vom Himmel fällt, und dass es eine Konstruktion ist. Meine Antworten haben sich im Laufe der Zeit weiterentwickelt, was sich in meinem Äußeren zeigte. Und je älter ich wurde, desto mehr sagte ich mir: Ist das kompliziert! Und meine Wut auf das, was man von den Frauen im Namen der »Weiblichkeit« verlangt, wurde immer größer.

Eine Studie, die vor fünf Jahren veröffentlicht wurde, zeigt genau das. Dabei wurde ein Casting für kleine Jungs und kleine Mädchen von fünf bis sechs Jahren vorgetäuscht für eine Joghurt-Werbung. Und man hatte den Joghurt gesalzen, ohne dass sie es wussten. Die kleinen Jungs sagten igitt vor der Kamera, und zwar alle, weil der Joghurt scheußlich schmeckte. Aber die kleinen Mädchen taten so, als ob sie ihn mochten. Sie hatten verstanden, dass man zuerst an den, der einen sieht, denken und ihm gefallen muss. Tja, genau das ist Weiblichkeit: Sei nicht spontan, denk zuerst an den anderen, bevor du an dich denkst, schluck es runter und lächle. Das sagt alles.

Darauf lässt sich Weiblichkeit aber doch nicht reduzieren!
Nein, natürlich nicht. Und ich werde die Frauen, die sich in den gesteckten Grenzen wohlfühlen, nicht dazu anhalten, sie zu übertreten. Aber ganz ehrlich, wenn ich sehe, was man von Frauen erwartet, all die Zwänge in Bezug auf Kleidung und Verhalten, die man ihnen auferlegt, das Herumgeeiere, um es den Typen recht zu machen, und das Verfallsdatum, das man ihnen mit vierzig Jahren aufdrückt, dann sage ich mir, die ganze Weiblichkeit ist doch der reinste Betrug, die reinste Hurerei. Nicht mehr und nicht weniger als

die Kunst der Unterwerfung. Aber es ist so schwer, sich der gewaltigen Beeinflussung zu entziehen. Auch ich habe das irgendwann verinnerlicht. Und aus einem sozialen Überlebensreflex heraus habe ich nach dem vernichtenden Skandal um den Film *Baise-moi (Fick mich)* versucht, mich ein wenig anzupassen. Ich habe mir die Haare blond gefärbt, ich habe aufgehört zu trinken, ich habe eine Paarbeziehung mit einem Mann geführt ... Und das ist schiefgegangen.

Und dann? Sie wären nicht die, die Sie heute sind, in einer glücklichen Lebensphase, in der Ihre Bücher begehrt sind und bejubelt werden, wenn ...

Wenn ich nicht mit fünfunddreißig Jahren lesbisch geworden wäre.

Ist das etwas, was man selbst entscheidet?

Ich habe mich in eine Frau verliebt. Und es war eine unglaubliche Erleichterung, nicht mehr heterosexuell zu sein. Hetero zu sein lag mir wohl ohnehin nicht besonders. Irgendetwas in mir passte nicht zu dieser Weiblichkeit. Andererseits kenne ich nicht viele, die das ganze Leben lang wirklich gut damit klarkommen. Aber es war überwältigend, sich plötzlich wie auf einem anderen Planeten zu fühlen. Als würde man dich einmal vorsichtig um dich selbst drehen, und plötzlich schaut dein Kopf in die andere Richtung. Wusch! Das ist ein tolles Gefühl. Ich war auf einmal vierzig Kilo leichter. Vorher konnte man mich immer als eine Frau bezeichnen, die nicht genug dies und zu wenig jenes war. Blitzartig war diese Last verschwunden. Das betrifft mich nicht mehr! Befreit von allen Zwängen, die mit heterosexueller Verführung zusammenhängen! Ich kann übrigens noch nicht mal mehr eine Frauenzeitschrift lesen. Nichts darin betrifft mich mehr. Weder, wie man jemandem einen bläst, noch die Mode.

Alles entspricht Hetero-Normen?
Alles! Und ich verstehe plötzlich die Worte von Monique Wittig:»Lesben sind keine Frauen.« So ist es tatsächlich. Sie dienen den Männern nicht im Alltag. Zum Glück verändert der Feminismus die Dinge, das ist eine der größten Revolutionen überhaupt. Aber historisch gesehen gehört die Frau in den Haushalt, sie ist die Mutter der Kinder, der Rückzug für den Krieger, seine Handlangerin und seine Dienerin. Und sie darf nicht zu sehr glänzen. Das hat mich schon immer verblüfft: Jedes Mal, wenn eine Wissenschaftlerin, eine Filmemacherin, eine Musikerin, eine Schriftstellerin großen Erfolg hat, zerbricht daran ihre Partnerschaft, oder sie bringt sie zumindest in Gefahr. Und man bedauert ihren Lebensgefährten. Selbstverständlich nicht andersherum. Ein Mann, der großen Erfolg hat, behält seine Partnerschaft und leistet sich zudem Geliebte, die seine Frau, die alle für glücklich halten, akzeptieren muss.

Auch bei einem homosexuellen Paar kann es Eifersucht geben!
Es kommt natürlich auf die beiden Personen an, aber es gibt keine zugewiesenen Rollen, keine Vorgaben, keine gesellschaftlichen Normen. Und ich habe sogar den Eindruck, dass jede sich über den Erfolg der anderen freut. Deine Ausstrahlung beruht nicht von vornherein auf der Unterlegenheit deiner Frau. So sehr die Heterosexualität dir als Künstlerin im Wege steht, so sehr befördert die Homosexualität die Kreativität.

Gibt es nicht mehr diesen negativen Blick, den viele berühmte Frauen gefürchtet haben, egal ob Künstlerinnen oder andere, die ihre Homosexualität nie offenbart haben?

Die Dinge haben sich sehr geändert. Und dass der Anteil von Homo- oder Bisexuellen bei den Kreativen deutlich größer ist als anderswo, liegt daran, dass es dich befreit. Es erlaubt dir, Erfolg zu haben. Es stellt deine Beziehung nicht infrage. Es gibt nichts mehr, das dich bremst. Für mich ist das eine echte Erleichterung.

Hat das Gesetz zur homosexuellen Ehe eine Rolle bei dieser Veränderung gespielt?

Ich wünsche niemandem die Ehe. Aber wenn alle dieselben Rechte haben, macht es das Leben natürlich einfacher. Bei der letzten Gay-Pride, die besonders ausgelassen war, habe ich all die Tausenden von jungen Leuten gesehen und mir gesagt, dies ist die erste Generation, die ihren Eltern von ihrer Homosexualität erzählen kann, ohne dass sie weinen. Für die Leute meines Alters war das Coming-out irgendetwas zwischen »tragisch« und »schwierig«. Irgendwann haben die Eltern immer geweint. Und es ist extrem hart, wenn die Eltern weinen, weil du bist, wie du bist. Heute können sie sich sagen: Ist schon in Ordnung, du wirst nicht zwangsläufig unglücklich werden. Und sie können es sogar den Nachbarn erzählen.

»Mit über vierzig sehen alle aus wie eine bombardierte Stadt«, haben sie irgendwo geschrieben. Macht das Altwerden Ihnen Angst?

Ich gehe auf die fünfzig zu und habe Angst zu sterben. Das ist die Richtung, in die es geht. Aber es ist okay. Es ist sogar ziemlich entspannt. Letztlich geht es mir heute deutlich besser als vor zwanzig Jahren. Und es gibt haufenweise reife Frauen, die ich die »Madames« nenne, die mich faszinieren und die darauf schließen lassen, dass das Alter schön ist. Ich habe kein Vorbild, ich weiß nicht, wie ich das machen soll, alt werden. Aber wenn ich Marianne Faithfull auf der Bühne sehe, selbst mit ihrem Stock, dann sage ich mir: »Nicht schlecht.« Und sogar: »Finde ich toll.« Das hat Klasse!

Ihr wertvollster Besitz ist ein Brief ihres Vaters, in dem er ihr sagt, dass er stolz auf sie ist. Haben Sie diese Anerkennung Ihrer Eltern auch?

Wir sind uns nicht sehr nah, aber sie betrachten mich mit Wohlwollen. Ich glaube, sie sind zufrieden.

Und ist Ihnen das wichtig?

Ja, natürlich. Als ich den Prix Renaudot bekommen habe, hat mich mit am meisten berührt, dass mein Vater sich darüber gefreut hat. Er ist nicht besonders gesprächig. Er hat sich nicht überschlagen vor Freude, aber er hat sie zum Ausdruck gebracht. Und das ist total wichtig.

Juliette Gréco

Eine Legende. Eine meisterhafte Interpretin mit der Gestik ei-
ner Tragödin, die erhobenen Hauptes die Zeiten überdauert
hat, mit widerspenstigen Worten und schurkenhaftem Blick.
Gréco – ein Synonym für Freiheit! Eine Wilde mit hellem Teint
und schwarzen Kleidern, für die die Größten Chansons schrie-
ben, und die erstaunt scheint ob des Glückes, das sie hatte …

Ich wäre nicht die, die ich heute bin, wenn …
Wenn ich nicht geliebt worden wäre. Das ist der Ausgangspunkt für alles! Wenn die große Schauspielerin Hélène Duc mich nicht mit offenen Armen aufgenommen
hätte, als wäre ich ihr eigenes Kind. Das war das erste Mal,
dass man mich so liebte. Und es war, als bekäme ich zum
zweiten Mal das Leben geschenkt. Ich bin an einem Morgen 1943 bei ihr aufgekreuzt. Da war ich sechzehn Jahre.
Ich kam aus dem Gefängnis Fresnes, allein und vollkommen verloren. Meine Mutter, die in der Résistance aktiv war,
hatte mir eingeschärft, ich solle zu Hélène gehen, falls irgendetwas passiert. Sie war in Bergerac meine Französisch-
lehrerin gewesen und schon damals sehr lieb zu mir, die ich
kaum sprach und die meine Mutter nicht liebte. An diesem
Morgen lief ich also zu ihr in meinem marineblauen Kleid

und meinen Bastschuhen. Und sie empfing mich mit ausgebreiteten Armen.

Ihre Mutter und Ihre Schwester waren nach Ravensbrück deportiert worden.
Das wusste ich damals noch nicht. Meine Mutter war festgenommen und dann in Périgueux inhaftiert worden, und Charlotte und ich waren auf einen Zug Richtung Paris aufgesprungen. Aber wir wurden verfolgt. Und als meine Schwester gerade über die Place de la Madeleine gehen und zu mir in ein Bistro kommen wollte, hielt plötzlich ein großer Citroën direkt vor ihr, und drei Männer ergriffen sie und warfen sie ins Auto. Ich bin wie eine Rakete herausgezischt und habe an die Scheiben getrommelt. Charlotte muss wohl gesagt haben: »Das ist meine Schwester!« Und dann wurde ich von der Gestapo mitgenommen. Bevor wir im Hauptquartier in der Avenue Foch ankamen, vertauschte ich unauffällig meine Tasche mit der von Charlotte. Ich befürchtete schon, dass sie Papiere dabei hatte, die schaden würden. Und während ich dann auf das Verhör wartete, bat ich darum, auf die Toilette gehen zu dürfen, und ließ sie in der Toilettenschüssel verschwinden. Das hat nichts geholfen. Am frühen Morgen wurden wir beide ins Gefängnis Fresnes gebracht. Ich bin dort nur wieder herausgekommen, weil ich noch sehr jung und nicht jüdisch war.

War diese Erfahrung im Gefängnis maßgeblich für Sie?
Oh ja, und wie! Ich war ohnehin sehr wortkarg, aber nach dem Gefängnis wollte ich überhaupt nicht mehr sprechen. Ich habe dort Beleidigungen, Verachtung und Demütigungen erfahren. Zum Beispiel, als man uns zwang, nackt aus

der Dusche zu kommen, das hat mich so verletzt. Zutiefst gekränkt presste ich mein Kleid an mich. Mit sechzehn Jahren ist das unerträglich. Ich denke, es gibt nur wenige Menschen, die mich seither ganz nackt gesehen haben. Ich konnte das nicht mehr.

Hélène Duc hat also die Mutterrolle übernommen?
Sie *ist* meine Mutter! Die andere hat mich lediglich zur Welt gebracht. Ich gehe nie zu Beerdigungen, aber zu der von Hélène bin ich gegangen. Sie hat mich vor dem Sterben bewahrt. Sie hat mich angeschaut, betrachtet, aufgerichtet. Hélène hat das aus mir gemacht, was ich bin.

Die andere hat sie nicht angeschaut?
Sie hat mich nicht geliebt. Eines Tages hat sie mir gesagt, dass ich die Frucht einer Vergewaltigung sei. Da war ich noch sehr jung und ahnungslos und habe darum verzweifelt nach dem seltsamen Baum gesucht, der diese Früchte trägt. Sie hat mir auch gesagt, ich sei ein Findelkind.

Wie grausam!
Ja, sie war voller Hass, voller Gehässigkeit. So etwas ist traumatisierend und verstellt einem das Leben. Zweifellos war ich das Resultat einer Vergewaltigung durch ihren Ehemann. Extrem unerwünscht also. Ich war nichts als eine schlechte Erinnerung. Meine Schwester hingegen liebte sie.

Wie hat Ihre leibliche Mutter reagiert, als sie mitbekommen hat, dass Sie berühmt und vom Publikum vergöttert wurden?
Wissen Sie, was sie zu mir gesagt hat? Dass sie unendlich viel besser sänge als ich und darum viel erfolgreicher hätte

sein können. Seltsam, nicht wahr? Sie hat meinen Erfolg nicht akzeptiert. Ich verdiente ihn nicht. Ich verdiente gar nichts.

War das ein Anreiz für Sie?
Oh nein, ganz und gar nicht! Es war vielmehr belastend, schmerzlich. Ein Schmerz, der noch immer da ist, selbst wenn ich außerordentliche Bewunderung für sie hege. Sie war eine engagierte, intelligente, mutige, schöne Frau. 1936 ist sie zusammen mit Léon Blum marschiert. Sie ist in die Résistance eingetreten, und als sie inhaftiert war, wurde sie acht Tage hintereinander zum Exekutionskommando mitgenommen, jedes Mal wurde ihr die Waffe angelegt und nie abgedrückt. Und sie hat nicht geredet. Und dann ist sie in die Armee gegangen und in Indochina gewesen. Sie war eine Heldin. Keine Mutter. Aber ich habe sie geliebt. Heute nicht mehr. Ich verstehe sie, ich respektiere sie, aber ich liebe sie nicht mehr.

Sie lernten dann bald lauter außergewöhnliche Menschen kennen: Maler, Schriftsteller, Philosophen …
Ja, ich war überaus beliebt. Erstaunlicherweise.

Warum erstaunlicherweise?
Weil ich noch immer nicht verstehe, warum. Ich war noch ein Kind, als Hélène, die damals ein festes Engagement beim Odéon-Theater hatte, mir all die Leute vorstellte, die ich mit großen Augen anstarrte. Und Merleau-Ponty war sofort vernarrt in das kleine wilde Ding, das ich war. Sartre, Simone de Beauvoir, Boris Vian, Raymond Queneau, Albert Camus … Warum nur? Das frage ich

mich noch immer. Ich war ein Kind, wie ein Feld, das es erst noch zu bestellen galt. Ich sagte kein Wort und hörte zu, ich hörte einfach zu. Sartre hat sehr früh mehrere Chansons für mich geschrieben. Eines Tages kam er mit einem Text an, der hieß: *Ne faites pas suer le marin.* Und in meiner jugendlichen Unverschämtheit habe ich gesagt: »Aber das ist viel zu lang!« Er hat gestaunt und gemeint: »Na sagen Sie mal, Gréco, Sie bitten mich tatsächlich, meinen Text zu kürzen?« Ich habe geantwortet: »Natürlich!« Und er hat gelacht. Ich hatte einen vollkommen ungezwungenen Umgang mit den Leuten, von denen ich nicht wusste, dass sie Genies waren. Ich freute mich nur darüber, dass man mich mochte. Aber das hat mir trotzdem kein Selbstbewusstsein eingebracht. Ich bin nie sicher, ob ich den Leuten gefalle oder den Anforderungen entspreche. Ich gebe mir solche Mühe, aber es funktioniert nicht. Obwohl es doch eigentlich an der Zeit wäre!

Worauf sind Sie am meisten stolz?

Auf meine Arbeit. Ich denke, dass ich alles getan habe, was ich konnte, um etwas Schönes zu erreichen. Mit hohem Anspruch, Unerbittlichkeit und Liebe. Ich sehe mich als Dienerin der Poesie und schöner Texte und achte genauestens auf Qualität. Ich habe schwierige Entscheidungen getroffen, die niemals kommerziell waren. Und ich bin frei geblieben. Unbestechlich, nicht totzukriegen!

Und kämpferisch.

Ja, seit achtundachtzig Jahren befinde ich mich im Krieg. So vieles gefällt mir nicht in unserer Gesellschaft. Aber ich habe mich von der Politik abgewandt.

Gehen Sie wählen?

Selbstverständlich, was denn sonst?! Und zwar links. Ich kann gar nicht anders. Die Werte der Rechten habe ich nie verstanden. Aber die der echten Linken, das waren meine.

Sie sprechen davon in der Vergangenheit.

Ja, denn früher gab es noch Ideale, menschliche Werte und Freigiebigkeit. Begeisterung, die von Herzen kam und aus Überzeugung. Man war stolz darauf, zu einer politischen Familie zu gehören. Aber es gibt keine Familie mehr. Heute regiert das Geld.

Wo waren Sie am 13. November 2015, dem Tag der Attentate von Paris?

Zu Hause. Ich sollte am übernächsten Tag in Berlin singen. Alle haben mich angerufen und gesagt: »Du wirst doch wohl nicht fahren?« Wie bitte? Natürlich werde ich nach Berlin fahren. Ich bin entschlossen wie noch nie, auf die Bühne zu gehen. Ich gebe nicht nach, wem auch immer!

Aber was haben Sie im Innersten empfunden?

Ich habe Schmerz empfunden, im Körper, im Herzen, im Kopf, im Geiste. Mir geht es gar nicht gut. Ich schlafe nicht. Das Gefühl, in eine Zeit der Barbarei zu driften, macht mir schreckliche Angst. Es geht rückwärts, in Windeseile. In einen Zustand ohne jegliche Kultur. Ohne jegliche Hoffnung. Was für ein Wahnsinn. Junge Leute zu töten, die Musik hören. Und sich im Namen des Hasses in die Luft zu sprengen. Das ist Irrsinn.

Spornt Sie das an, Ihre Stimme zu erheben, wenn Sie auf der Bühne stehen?

Das habe ich schon immer getan. Ich habe immer die Freiheit verteidigt, über den eigenen Körper und darüber, wen man lieben will. Habe dafür demonstriert, dass man denken und sagen kann, was man will. Habe die Klassenunterschiede angeprangert. Ich habe in Spanien unter Franco gesungen und in Chile unter Pinochet. Nach dem Konzert kamen die Leute zu mir und haben sich bedankt, dass ich gekommen bin, obwohl ich doch nur meine Pflicht getan habe. Man muss reden und dorthin gehen, wo etwas schiefläuft.

Die Stellung der Frauen war Ihnen immer sehr wichtig.

Das ist tief in mir verwurzelt. Ich hege Begeisterung, Bewunderung, Sorge und unendliche Liebe für die Frauen. Das ist im Laufe der Jahre nur noch stärker geworden. Ich liebe ihren Mut, ihre Unbestechlichkeit. Und es empört mich, dass ihnen so wenig Respekt zuteil wird. Solidarität auf ganzer Linie.

Was raten Sie jungen Künstlerinnen, mit denen Sie sprechen?

Lernt, nein zu sagen. Das ist das Allerwichtigste. Weigert euch, bei Bettgeschichten, Blödsinn und faulen Kompromissen mitzumachen. Weigert euch, ekelhafte Texte eines Produzenten zu singen, der euch nur auf der Schreibtischecke bumsen will. Denn es gibt skandalöse Dinge in dieser Branche. Lasst euch nicht demütigen. Bewahrt euch eure Würde. Frauen sind gute Menschen.

Hélène Grimaud

Die Musik – »reine Transzendenz« – war die Rettung für das ausgegrenzte, begabte Kind, das lange unter einem Schmerz litt, der sich weder in Tränen noch in Worten auszudrücken vermochte. Die Wölfe haben sie besänftigt. Bis heute ist Hélène Grimaud eine wunderbare, geheimnisvolle Pianistin, die ständig auf der Suche ist nach Intensität, nach Wahrheit und nach Spiritualität.

Ich wäre nicht die, die ich heute bin, wenn …

Wenn mich nicht stets die bedingungslose Liebe meiner Eltern getragen hätte. Das ist entscheidend für das Selbstvertrauen, um die eigenen Möglichkeiten auszuschöpfen und zuversichtlich zu sein. Das mag abgedroschen klingen, aber ich kenne so viele Menschen, deren Lebensweg von Hindernissen gesäumt ist, weil ihnen diese bedingungslose Liebe von Anfang an gefehlt hat. Was meine Eltern mir mitgegeben haben an Entdeckungsgeist, an Abenteuerlust, damit sich vor mir alle Perspektiven auftaten, ist unbezahlbar. Ich habe das Glück, dass sie beide noch leben. Und diese Liebe trägt mich noch immer und wird es auch nach ihrem Tod tun. Denn was sie mir gegeben haben, ist so stark, dass es jenseits von Leben und Tod existiert.

Trotzdem sind Sie schon sehr jung flügge geworden.

Ja, und ich glaube, es gibt nur wenige Eltern, die ihr einziges Kind mit zwölf Jahren so weit von zu Hause hätten weggehen lassen. Wir wohnten damals in Südfrankreich, wo meine Eltern als Lehrer arbeiteten, und ich musste ans Musikkonservatorium nach Paris gehen. Darum habe ich im Laufe der Jahre in unterschiedlichen Familien gelebt. Sie mussten unglaublich selbstlos sein und großes Vertrauen in ihre Tochter haben. Ich finde das bemerkenswert. Ich weiß nicht, ob ich dazu in der Lage wäre, wenn ich selbst Kinder hätte.

Was für ein Kind waren Sie?

Ich denke, ich war anstrengend! Ständig in Bewegung, energiegeladen und voller Fragen, körperlich sehr aktiv.

Heute spricht man von hyperaktiven Kindern.

Der Begriff ist mit einer Konzentrationsschwäche verbunden, aber bei mir war es genau das Gegenteil: Ich war besessen von manchen Dingen, vollkommen fixiert und ließ nicht mehr locker, wie ein kleiner Pitbull. Gleichzeitig langweilte ich mich leicht und stellte in der Schule völlig abseitige Fragen, was die Klasse störte und die Lehrer nervte.

Hochbegabt?

Ich glaube nicht. Manche Fähigkeiten werden durch Unzulänglichkeiten kompensiert. Das ist bei vielen Künstlern so. Aber meine mitunter gespaltene Persönlichkeit – die vielen Zweifel, meine Besessenheit und mein zuweilen seltsames Verhalten, das mich zu meinem ärgsten Feind hätte machen können – war ganz sicher Anlass zur Sorge für meine Eltern, die nur das Beste für mich wollten.

Wie sind sie darauf gekommen, Sie an ein Klavier zu setzen?
Sie haben mir zunächst alle möglichen Aktivitäten vorgeschlagen, um meinen Überschuss an Energie zu kanalisie-
ren. Judo, Tanzen, Tennis. Ich konnte nicht genug bekommen, und nichts führte zur Verbesserung. Was deutlich zeigt,
dass diese Energie eher geistiger als physischer Natur war.
Und dann tauchte plötzlich die Musik auf. Sie war meine
Rettung. Meine Mutter hat schon immer gern gesungen,
sie hat eine sehr schöne Stimme, und das hat sicher eine
große Rolle gespielt. Aber ich hatte keinen Kontakt mit
klassischer Musik. Bis zu jenem Tag, als ich zur musikalischen Früherziehung angemeldet wurde. Die Kinder in dem
Kurs waren drei oder vier Jahre alt, ich selbst war sieben. Es
war wunderbar. Die Kursleiterin hat zu meinem Vater, der
mich abholen kam, gesagt:»Ich denke, dass sie eine musi-
kalische Begabung hat, es wäre gut, wenn sie anfangen
würde, Klavier zu spielen.« Natürlich, hat mein Vater gesagt. Lasst es uns versuchen. So kam es …

Erinnern Sie sich noch genau an diesen Tag?
Oh ja! Das sind Angelpunkte im Leben. Obwohl ich erst
sieben war, hatte ich das Gefühl, dass mein Leben auf einmal eine neue Wendung nahm. Ich wusste nichts von der
Zukunft. Aber ich spürte, dass es ein Vorher und ein Nach-
her gäbe. Die Musik würde für immer ein Teil meines Lebens sein. Das war besiegelt.

Es war also für nichts anderes mehr Platz?
Vor der Musik waren die Bücher meine ersten Freunde.
Die Bibliothek meiner Eltern war eine echte Schatztruhe.
Ein anderer Anknüpfungspunkt hätten Tiere sein können.

Ich war immer enttäuscht, dass ich kein Haustier hatte, weil wir in einer Wohnung lebten. Aber da sieht man, was man Erfahrungen verdankt, die einem zunächst negativ erscheinen: Ich bin überzeugt, dass ich das Zentrum zum Schutz der Wölfe nicht gegründet hätte, wenn ich nicht als Kind und Jugendliche dieses Gefühl gehabt hätte, mir fehlt etwas. Ich hätte mich niemals derart mit Leib und Seele in ein Tier- und Umweltschutzprojekt gestürzt.

Wie haben Sie sich als Jugendliche Ihre Zukunft vorgestellt?
Ich war sehr leidenschaftlich. Wollte immer Neues entdecken, immer noch mehr lernen. Ich gab keine Ruhe, bis ich alles wusste über die Dinge, die mich beschäftigten. Und ich hatte schon immer die Gabe, ganz im Augenblick zu leben, darum verstehe ich mich auch so gut mit Tieren. Ich verwende keine Zeit darauf, über das zu grübeln, was war, oder mir die Zukunft auszumalen. Zu Beginn meiner Karriere hat man mich gefragt: Wo würden Sie gern in zehn Jahren stehen? Wünschen Sie sich, mit bestimmten Dirigenten zusammenzuarbeiten? Eigentlich träumte ich nur davon, mich mit mir selbst zu beschäftigen, als Mensch und als Künstlerin. Auf welche Weise das geschehen würde, war mir ziemlich egal. Ich sagte mir: Gott wird schon wissen, wo ich in zehn Jahren stehen werde.

»Gott wird schon wissen ...« Ist das nur eine Redewendung?
Nein! Darin drückt sich ein Glaube aus. Ich kann heute nicht sagen, ob es ein Glaube an Gott oder etwas anderes ist, denn ich sehe das Göttliche ebenso in einem Baum oder einem Kunstwerk wie in einer Kirche. Aber ich glaube an ein Jenseits, und ich suche nach der Verbindung mit der spi-

rituellen Welt. Die Musik lässt uns einen Blick dorthin erhaschen, und bestenfalls erlaubt sie uns sogar eine flüchtige Berührung. Sie ist reine Transzendenz und verweist uns wieder auf das Erhabene unserer menschlichen Natur. Sie setzt der Angst vor der Zukunft etwas entgegen, weil sie über den Tod hinausreicht. Sie ist beruhigend. Und in der Lage, das Diesseits in anderem Licht erscheinen zu lassen. Man muss schließlich leben! Hier. Jetzt. Sofort. Denn es gibt kein Ersatzleben. Jeder Augenblick zählt, muss ausgelebt werden. Im Austausch mit dem Gegenüber. Mit klarem Blick in die Augen des anderen. Mit einem Lächeln. Anteilnahme und Empathie sind die schönste Art und Weise, das Leben zu entdecken.

Erleichtert die Musik diese Verbindung mit den anderen?
Natürlich. Und diese Momente voller Freiheit, die man gemeinsam mit dem Publikum erlebt, sind außergewöhnlich, wenn nichts mehr wichtig ist, wenn man jedes Risiko eingeht, wenn man alles infrage stellt und vollkommen konzentriert ist auf das, was man spielt, aber ebenso auf das, was sich im Saal abspielt, in dem Bewusstsein, zwischen zwei Welten zu vermitteln.

Solch ein magischer Augenblick entsteht also nur sehr selten?
Der Moment, in dem man spürt, dass sich alles ineinanderfügt? Dass alles da ist, ohne jeden Kompromiss, im perfekten Gleichgewicht? Der ist sehr, sehr selten. Zum Glück. Denn könnte man ihn jederzeit wiederholen, dann wäre es keine Kunst mehr, sondern Kunsthandwerk. Man muss demütig sein und das akzeptieren. Das ist schwierig, vor allem, wenn man perfektionistisch veranlagt ist. Man möchte unbedingt, dass es jedes Mal so ist, weil man weiß, wie es

sein kann, und sein soll. Aber davon muss man sich leider verabschieden. Und immer wieder neu beginnen. Sich so gut wie möglich vorbereiten und danach sehnen, dass dieses Etwas, das man nicht in der Hand hat, auf einmal erscheint. Wie ein Gast.

Wer oder was kann das sein?
Wenn ich das nur wüsste! Manchmal kann es der Komponist sein. Manchmal ist es auch etwas Umfassenderes. Es ist mir schon passiert, dass ich Brahms gespielt habe und den Eindruck hatte, er sei da. Wirklich. Und ich denke, dass die Leute das Konzert dann viel intensiver erleben.

Eines Tages auf einem Pfad in Florida hat sich Ihr Blick mit dem einer Wölfin gekreuzt, Alawa …
Das war, als würde ein Stromschlag durch meinen ganzen Körper fahren. Eine echte Begegnung. Ein »Wiedererkennen«. Einer dieser schon erwähnten Momente, in dem ich wusste, mein Leben würde sich für immer verändern. Die Chance, dass eine junge Französin genau in diesem Augenblick in Tallahassee in Florida sein würde, war extrem gering, aber ich glaube, es gibt immer einen Grund, und es scheint, als habe sich alles miteinander verbündet, damit diese Begegnung stattfindet und später die Idee für das Zentrum zum Schutz der Wölfe aufkam, das ich in der Nähe von New York gegründet habe. Dafür steht Alawa.

So wie die Wölfe in Ihrem Zentrum für alle Tierarten und darüber hinaus für die gesamte Artenvielfalt stehen?
Ganz genau! Die großen Räuber sind äußerst wichtig für die Gesundheit unserer Ökosysteme. Sie zu schützen bedeu-

tet somit auch, ihren Lebensraum und die Artenvielfalt unter ihnen in der Nahrungskette zu schützen. In meinem Wolfszentrum sind schon Hunderttausende Kinder gewesen. Der Schutz der Erde muss zur Herzensangelegenheit für die Leute werden, das ist die Idee des Zentrums. Wenn man ihnen sagt: »Ihr verhaltet euch wie die Tiere«, dann klingt das wie eine Beleidigung, aber ich sage mir: »You could be so lucky.« Denn wir Menschen, die wir doch in der Lage sind zu denken, zu analysieren, Dinge zu erschaffen, wir zerstören die Erde auf brutale Weise und gefährden sie damit ernsthaft. Das empört mich. Und ich will mich nicht damit abfinden. Ich will auf meine Art kämpfen. Indem ich mit künstlerischen Mitteln ein Umweltbewusstsein anstoße, wie mit meinem Album zum Thema Wasser. Indem ich an einem Konzert für Menschenrechte teilnehme. Indem ich verschiedene Belange unterstütze. Jeder sollte tun, was in seiner Macht steht.

Hat die terroristische Bedrohung Auswirkungen auf Ihre Konzerttournee?

Nein. Ich war vor Kurzem mit dem Kammerorchester Basel auf Tournee. In der Schweiz, in Frankreich, Polen, Ungarn, dann in Istanbul, ein paar Tage nach den Attentaten von Paris. Viele Leute haben uns geraten: Sagt das Konzert ab, das wäre klüger. Und wir haben alle gesagt: »Nein! Ganz im Gegenteil! Wir müssen gerade jetzt hinfahren! Würden wir wegen der Attentate absagen, wäre das der Anfang vom Ende.«

Claudia Cardinale

»Italienerinnen haben Charakterstärke!«, sagt sie mit ihrer rauen Stimme und lacht schallend. Kein Zweifel. Die Kultschauspielerin von Visconti und Fellini, die mit den größten Schauspielern des zwanzigsten Jahrhunderts gedreht hat – Delon, Lancaster, Belmondo, Mastroianni … – hat eine Wahnsinnsfilmkarriere gemacht und ist noch heute gefragt. Und dass ein Bild von ihr das offizielle Plakat der siebzigsten Filmfestspiele in Cannes ziert, zeigt, dass sie auf ewig »Freude, Freiheit und Verwegenheit« verkörpert.

Ich wäre nicht die, die ich heute bin, wenn …

Wenn die Geburt meines Sohnes nach einer Vergewaltigung mich nicht dazu getrieben hätte, mich auf den Film einzulassen, um meinen Lebensunterhalt zu verdienen und unabhängig zu sein. Das habe ich für ihn gemacht. Für Patrick, das Baby, das ich behalten wollte, trotz der Umstände und des großen Skandals, den ein uneheliches Kind damals bedeuten konnte. Ich war sehr jung, schüchtern, zurückhaltend, fast scheu. Und hatte nicht die geringste Lust, mich auf der Leinwand zu zeigen. Aber dann kam es, wie es kam: Durch Zufall habe ich 1955 mit siebzehn Jahren die Wahl des »Schönsten italienischen Mädchens von

Tunis« gewonnen, obwohl ich noch nicht einmal daran teilgenommen hatte. Der Preis war eine Reise zu den Internationalen Filmfestspielen von Venedig, zu denen ich mit meiner Mutter gereist bin und wo mein Bikini am Strand des Lido die Aufmerksamkeit der Regisseure auf sich zog, die ich allerdings sofort abgewimmelt habe. Eine Zeitung brachte sogar mein Bild und titelte »Das junge Mädchen, das nicht zum Film will«. Aber die Anfragen häuften sich. Mein Vater erhielt stapelweise Telegramme, und schließlich hat er gesagt: »Warum eigentlich nicht?« Das Drama, das sich in der Zwischenzeit ereignet hatte, und die bevorstehende Geburt des Babys – die ich geheim hielt – haben mich schließlich überzeugt, einfach loszulegen.

Sie haben also Ihr Geburtsland Tunesien verlassen und sind nach Rom gegangen?

Ja. Ein großer italienischer Produzent, Franco Cristaldi, hat mich sofort unter seine Fittiche genommen. Ich habe während der Schwangerschaft gedreht, und keiner merkte etwas, weil die Kleider damals so geschnitten waren, dass die Taille direkt unter der Brust saß. Die Geburt fand diskret in London statt. Und darum bekam das Baby auch den Namen Patrick, weil es in der katholischen St. Patrick's Church getauft wurde. Derselbe Produzent hatte auch die Idee, das Baby als meinen kleinen Bruder auszugeben. Und ich war gezwungen, diese Lüge zu akzeptieren, um einen Skandal zu vermeiden und meine Karriere nicht zu gefährden.

Haben Sie das bereut?

Oh ja! Ich hatte das Glück, dass meine Familie zu mir hielt und hinter mir stand. Aber die Lüge war eine große

Belastung, und als Patrick sechs oder sieben Jahre alt war, habe ich einen Journalisten angerufen und zugegeben, dass er mein Sohn ist. Das war eine seltsame Zeit, wissen Sie, in der die Schauspieler vollkommen von einem Produzenten abhängig waren, bei dem sie unter Vertrag standen, sodass ihnen die Hände gebunden waren. Ich hatte schnell mehrere Erfolge hintereinander, ich drehte vier Filme pro Jahr, aber ich war weiterhin Arbeitnehmerin wie eine einfache Angestellte und konnte nicht selbst darüber entscheiden, welche Filme ich machte, wie ich geschminkt wurde und wie mein Privatleben aussah. Ich habe übrigens erst sehr viel später erfahren, dass der Vater meines Sohnes lauter Briefe geschickt hatte, die der Produzent zerrissen und von denen er mir nie erzählt hat. Er wollte das Kind anerkennen. Nachdem ich das wusste, habe ich Patrick gefragt, ob er ihn kennenlernen möchte, aber er hat entschieden abgelehnt. All das hat mir große Sorgen gemacht. Und mein Sohn hat darunter gelitten. Aber er geht heute auf die sechzig zu. Und wir haben glücklicherweise noch immer ein ausgezeichnetes Verhältnis, auch wenn wir an unterschiedlichen Orten leben, er inzwischen in Rom, nachdem er in New York war, und ich in Paris. Die Familie ist das Wichtigste.

Ihre Familie war also italienisch, lebte aber seit mehreren Generationen in Tunis …

Ja. Meine Vorfahren hatten Sizilien verlassen und waren nach Tunesien gegangen, das damals französisches Protektorat war. Und meine Eltern wuchsen wie ich selbst mit der französischen Sprache auf. Ich hatte großes Glück, denn sie waren ein Paar, das für die Ewigkeit gemacht war. Verliebt und unzertrennlich. Und als mein Vater mit fünfundneunzig Jahren starb, hat meine Mutter mir gesagt: »Wir haben noch miteinander geschlafen, kurz bevor er gestorben ist.« Das ist unglaublich, oder? Mein Vater war technischer Ingenieur bei der Eisenbahngesellschaft in Tunis, aber er spielte auch Geige und gab Konzerte. Maman kümmerte sich um die vier Kinder: Blanche, Bruno, Adrien und mich, Claude. Meine Schwester Blanche mit den blonden Haaren und blauen Augen war es, die eigentlich zum Film wollte. Ich mit meinen dunklen Haaren und schwarzen Augen wurde von allen »die Berberin« genannt und sah mich eher als Grundschullehrerin in der Wüste oder als Forscherin, die die Welt entdeckte. An mir war ein Junge verlorengegangen, wie man so sagt. Ich war jederzeit bereit, mich zu prügeln, um zu zeigen, dass Mädchen mindestens genauso stark sind wie Jungs. Eine echte Draufgängerin, die immer auf den fahrenden Zug aufsprang, um zur Schule nach Karthago zu kommen. Die Lokführer haben das übrigens irgendwann meinem Vater erzählt, weil das sehr gefährlich war. Aber ich hatte vor gar nichts Angst.

Trotzdem haben Sie sich aus dem Staub gemacht, als der Regisseur René Vautier Sie eines Tages am Schultor angesprochen hat!

Ja. Ich bin weggerannt. Woraufhin er zur Schulleiterin gegangen ist: Wir sind da auf ein junges Mädchen aufmerksam geworden … »Oh la la«, hat sie gesagt. »Claude, die ist eine ganz Scheue! Da rufe ich lieber mal ihren Vater an.« Und so kam es, dass ich einen Kurzfilm gedreht habe, *Goldene Ketten*, in dem ich eine Araberin gespielt habe. Und dann einen weiteren Film, *Goha*, von Jacques Baratier, mit einem Schauspieler, der darin sein Debüt gab und Omar

Sharif hieß, in dem ich ebenfalls die Rolle einer verschleierten Araberin hatte. Aber das war vor dem großen Aufbruch nach Italien.

Konnten Sie Italienisch, als Sie nach Rom kamen?

Nicht ein Wort! Meine Muttersprache ist Französisch, und ich verstand überhaupt nichts, ich war völlig verängstigt, als ich bei den Dreharbeiten für *Diebe haben's schwer* von Monicelli ankam und alle Leute wild gestikulieren und herumgrölen sah. Ich hatte den Eindruck, alle streiten sich. Aber nein, erklärte man mir: Die Italiener sprechen auch mit den Händen. Als ich mich an der Schauspielschule von Cinecittà auf der Bühne vorstellen musste, war ich dazu überhaupt nicht in der Lage. Alle betrachteten mich aufmerksam und sagten: Das ist ja wohl eine Araberin. Da bin ich wütend abgegangen und habe die Tür zugeknallt. Tja, und dann haben sie mich ausgewählt und behalten »wegen meines Temperaments«! Und nach und nach habe ich Italienisch gelernt. Aber ich wurde in den ersten Filmen immer synchronisiert. In *Der Leopard* spreche ich Französisch mit Alain Delon und Englisch mit Burt Lancaster. Fellini war es, der für *Achteinhalb* darauf bestand, dass ich auf Italienisch spiele, trotz meines französischen Akzents. Das war übrigens eine verrückte Zeit. Denn ich habe beide Filme gleichzeitig gedreht. Visconti, der ganz genau und so sorgfältig wie beim Theater arbeitete, sprach Französisch mit mir und wollte mich mit braunen langen Haaren. Fellini, der chaotisch war und nicht einmal ein Drehbuch hatte, sprach Italienisch und wollte mich eher mit blonden kurzen Haaren. Die beiden Filme sind die wichtigsten in meinem ganzen Leben.

Gab es eine besondere Verbindung zwischen Ihnen und Luchino Visconti?

Ja. Er ist der eleganteste und kultivierteste Mann, den ich je getroffen habe. Seit meinem ersten Film mit ihm, *Rocco und seine Brüder*, wusste ich, dass er mich beschützen wollte, denn in einer Szene mit einer Schlägerei hat er zum Megaphon gegriffen und geschrien: »Schlagt mir die Cardinale nicht tot!« Bei den Dreharbeiten zu *Der Leopard* kam er zu mir und flüsterte mir auf Französisch ins Ohr: »Ich will die Zunge sehen, wenn du Delon küsst.« Und in *Sandra*, den er vom Rollstuhl aus drehte, sollte ich das Hochzeitskleid seiner Mutter tragen. Er lud mich oft zum Essen ein, in sein Haus in der Via Salaria, und unter meiner Serviette versteckte er immer ein kleines Geschenk, ein Schmuckstück, eine Anspielung auf irgendeinen Film.

Als Marlene Dietrich ihm eines Tages auf einer Postkarte schrieb »I love you Luchino«, hat er zu mir gesagt: »Los, lass uns zu ihrem letzten Konzert nach London fahren.« Und wir sind zusammen mit Rudolf Nurejew hingefahren. Sie hat geweint, als sie ihn gesehen hat. Und als ich dann erfahren habe, dass sie völlig vereinsamt in Paris lebte, vergessen und verlassen, habe ich alles darangesetzt, sie zu finden, und bin bis zu ihrem Tod mit ihr in Kontakt geblieben.

Gibt es keine glücklichen Menschen im Filmgeschäft?

Es ist ein undankbares Geschäft, das die Menschen auffrisst. In Hollywood, wo ich mich geweigert habe zu bleiben, noch mehr als in Italien. Vor allem für die Schauspielerinnen. Und vor allem, wenn sie die sechzig überschritten haben. Ich werde mich immer an Rita Hayworth erinnern, deren Tochter ich in *Circus-Welt* spielte, zusammen mit dem großen John Wayne. Eines Tages ist sie in meinem kleinen Wohnwagen aufgekreuzt, der mir als Garderobe diente. Sie hat mich angeschaut und gesagt: »Ich war auch mal schön, weißt du.« Und dann ist sie in Tränen ausgebrochen.

Haben Sie selbst auch den Druck des Alters gespürt und den Anspruch ewiger Schönheit?
Es ist dumm zu glauben, man könne die Zeit aufhalten. Wenn ich all die Schauspielerinnen sehe, die sich liften lassen und am Ende alle gleich aussehen, wenn sie nicht gar für den Rest ihres Lebens entstellt sind. Wie schrecklich! Ich finde die Vorstellung einer Schönheitsoperation unerträglich. Ein Arzt hat mir einmal von sich aus ein Angebot gemacht. Unfassbar. Niemals! Meine Mutter sagte übrigens immer: »Man sieht deine Falten gar nicht, Claudia, weil du immer lachst!« Ich bin neunundsiebzig Jahre, und manchmal können die Leute das gar nicht glauben.

Ist es manchmal schmerzlich, die alten Filme anzuschauen?
Vor einigen Jahren wurde *Der Leopard* in einer restaurierten Fassung in Cannes gezeigt. Alain Delon saß neben mir, und am Ende hat er mir unter Tränen zugeflüstert: »Hast du gesehen? Sie sind alle tot.« Und das stimmte. Ich habe das goldene Zeitalter des Films miterlebt, das Menschen wie Martin Scorsese und Woody Allen inspiriert hat (das haben sie mir selbst gesagt), aber dessen Protagonisten inzwischen alle nicht mehr leben. So viele große, schöne Schauspieler …

Die Sie hofiert haben!
Ja. Aber in meinem Leben gab es nur einen einzigen Mann: den neapolitanischen Regisseur Pasquale Squitieri,

den Vater meiner Tochter, mit dem ich zehn Filme gemacht habe. Ich bin übrigens diejenige, die ihn sich ausgesucht hat. Er war ein sehr gutaussehender Typ, ein Frauenheld, der eine Schauspielerin nach der nächsten eroberte, italienische, französische, amerikanische, wenn Sie wüssten! Aber ich wollte ihn um jeden Preis. Irgendwann erfuhr ich, dass er in New York ist, ich habe mich ins Flugzeug gesetzt, und am Flughafen JFK habe ich die einzige Nummer gewählt, die ich von ihm hatte, die einer seiner Künstlerfreunde. Ich habe gesagt: »Ich suche Pasquale.« Er hat geantwortet: »Das ist ja unglaublich: Er sitzt direkt neben mir.« Und er hat ihn mir gegeben: »Claudia, warum rufst du denn aus Rom an?« – »Ich will dich sehen. Ich bin am JFK. Hol mich ab!« Und er ist gekommen. Und wir haben siebenundzwanzig Jahre zusammengelebt.

Anfangs war Franco Cristaldi wütend und hat versucht, uns Steine in den Weg zu legen, in beruflicher Hinsicht, denn er war einflussreich und hatte die gesamte italienische Filmindustrie unter Kontrolle. Und am Ende, als ich Rom verlassen habe und nach Paris gezogen bin wegen der Paparazzi, die immer vor meiner Tür standen und mich und meine Tochter bedrängten, haben Pasquale und ich uns weiterhin wunderbar verstanden. Wir haben ständig miteinander telefoniert. Und seine Anrufe fehlen mir schrecklich seit seinem Tod. In meiner Wohnung stehen überall Fotos von ihm.

Welche Erinnerungen haben Sie an andere große Schauspieler, denen Sie begegnet sind oder mit denen Sie gedreht haben?
David Niven, mein Partner in *Der rosarote Panther*, hat mir das schönste Kompliment gemacht: »Claudia, du bist

die schönste Erfindung aus Italien abgesehen von Spaghetti!« Ich hatte eine heiße Liebesszene mit Henry Fonda in *Spiel mir das Lied vom Tod* von Sergio Leone, aber seine Frau stand wie ein Aasgeier direkt neben der Kamera und beobachtete mich so hasserfüllt, dass ich wie gelähmt war. Belmondo mochte ich schrecklich gern, ich hab vier Filme mit ihm gedreht, ebenso wie mit Delon, mit dem ich so viel Spaß hatte. Und mit Rock Hudson hat mich eine innige Freundschaft verbunden, mein bester Freund, der schwul war und mit dem ich Arm in Arm spazieren ging, um eine Affäre vorzutäuschen, denn schwul zu sein war wie ein Gift in der Filmbranche und konnte dir die ganze Karriere zerstören. Ich war auch an seiner Seite, als er in Paris an Aids starb.

Und Marcello Mastroianni?
Oh ja, Marcello! Mit ihm habe ich angefangen, und wir haben mehrere Filme zusammen gemacht. Ich erinnere mich noch, wie er 1960 in *Bel Antonio* von Bolognini einen Mann spielte, der so in mich verliebt war, dass er davon impotent wurde. Und stellen Sie sich vor, er konnte das Hotel in Catania nicht mehr verlassen, weil die Männer dort drohten, handgreiflich zu werden unter dem Vorwand, impotente Sizilianer gäbe es nicht!

War er tatsächlich in Sie verliebt?
Ja, ich glaube. Er hat es sogar einmal in einer Fernsehsendung gesagt, in der wir zusammen eingeladen waren. Als ich ankam, ist er mir entgegengestürzt und hat verkündet:»Ich war so verliebt in dich.« Ich habe ihm gesagt:»Hör auf, Marcello! Wir werden live gesendet!« Ich dachte an Catherine

Deneuve, mit der er damals verheiratet war. Aber er meinte nur: »Das ist mir egal. Ich war total verliebt!« Das war nett, aber nicht besonders schlau. Deneuve war wütend und lange sauer auf mich.

Und Marlon Brando?
Er war mein Idol, als ich noch klein war und in Tunis lebte, ebenso wie Brigitte Bardot. Das hat er erfahren und hat eines Tages in Hollywood an meine Tür geklopft, um mich zu verführen und mit mir zu schlafen. Aber er hat schnell begriffen. »Okay. Du bist Widder, genau wie ich, oder?« Da ist er gegangen. Ich habe es hinterher fast ein wenig bereut. Sogar Pasquale war später erstaunt: »Wie hast du das gemacht, Brando abzuweisen?« Aber ich wollte Beruf und Privates nie vermischen. Kein Flirt. Keine Geschichten. Italienerinnen haben Charakterstärke!

Sie sind eine der ganz wenigen Schauspielerinnen aus dieser Zeit, die noch immer vor der Kamera stehen!
Ich weiß, es ist unglaublich. Und ich habe noch immer Schiss. Das hat sich nicht geändert, trotz der beinahe hundertfünfzig Filme und all der Medaillen und Auszeichnungen, die Sie überall auf meinen Kommoden sehen. Ich habe sehr viel Glück gehabt. Mein Beruf hat mir lauter verschiedene Leben geschenkt und mir die Möglichkeit gegeben, meine Bekanntheit in den Dienst vieler Sachen zu stellen und mich dafür einzusetzen: für die Rechte der Frauen, denn ich bin Feministin. Für die Rechte der Homosexuellen, die das auch wissen, denn sie winken mir immer zu, wenn sie bei der Gay Pride an meinen Fenstern vorbeikommen. Für den Kampf gegen Aids und die Todesstrafe zu-

sammen mit Amnesty International. Für die Kinder in Kambodscha ...

Die Filmbranche verheizt haufenweise junge Leute, die nach ein, zwei Filmen niemand mehr kennt. Was raten Sie den jungen Schauspielerinnen?

Innerlich stark zu sein. Die Rollen schnell hinter sich zu lassen, damit man nicht an den Figuren klebt. Und an dem festzuhalten, was sie als Person ausmacht, ohne Berufs- und Privatleben zu vermischen. Nicht alles zu akzeptieren für eine Rolle, die ihnen vielleicht schadet oder bei der sie den Eindruck haben, sich zu verkaufen. Ich zum Beispiel habe mich immer geweigert, mich nackt zu zeigen, ansonsten hätte ich das Gefühl gehabt, meinen Körper zu verkaufen. Sich nicht den unausstehlichen Launen mancher Regisseure unterzuordnen. Und sich bei der Arbeit nicht erpressen zu lassen. Ja, man muss kämpfen!

Joan Baez

Mit einundzwanzig Jahren war sie auf der Titelseite des Time Magazine, *sie marschierte an der Seite von Martin Luther King, sang in Woodstock und unter Bombenhagel in Hanoi, demonstrierte gegen den Vietnamkrieg und im Irak, verteidigte Dissidenten, Geflüchtete und Unterdrückte auf der ganzen Welt. Am 27. Januar 2016 kamen zahlreiche legendäre Künstler in New York für ein außergewöhnliches Konzert zusammen, um ihren 75. Geburtstag zu feiern. Seitdem ist sie erneut auf Welttournee, um vielleicht ein letztes Mal zu singen. On the road again. Mit denselben Überzeugungen.*

Ich wäre nicht die, die ich heute bin, wenn …

Wenn Gott mir nicht meine Stimme zum Singen geschenkt hätte und die Lust, diese Gabe mit anderen zu teilen, mein Leben draußen in der Welt zu führen und politisch aktiv zu sein. Es ging mir nie darum, ein angenehmes Leben zu führen. Ich wollte etwas Größeres tun. Schon als ganz kleines Mädchen habe ich eine Art »Auftrag« verspürt. Und diese Gabe war eine wunderbare Brücke, die mich mit anderen in Kontakt brachte und viele Abenteuer nach sich zog, die ich als Geschenke betrachte. Ich wäre nicht die, die ich heute bin, wenn ich beispielsweise nicht im Gefängnis gesessen hätte, weil ich gegen den Vietnamkrieg protestiert habe, wenn ich nicht in Alabama für die Menschenrechte marschiert wäre, in Bratislava zu Ehren von Vaclav Havel gesungen hätte, ein paar Wochen vor der »Samtenen Revolution« …

Sie mussten sich dieser Stimme allerdings erst bewusst werden, sie trainieren und an ihr arbeiten.

Ich habe nicht gleich begriffen, dass es sich um eine besondere Begabung handelte. Ich dachte, jeder könne singen, vorausgesetzt er übt, und das habe ich als Jugendliche getan, um nicht so allein zu sein und Freunde zu finden. Ich war nicht sehr beliebt in meiner Schule in Kalifornien. Ich hatte die braune Haut meines mexikanischen Vaters geerbt und gehörte zu jenen, die die »echten« Amerikaner verächtlich »*wetbacks*« nannten, »Nassrücken«, als Anspielung auf die illegalen Einwanderer, die den Rio Grande überquert hatten und in den USA arbeiten wollten. Aber ich träumte von der Anerkennung dieser »Weißen«, mit denen ich nichts zu tun hatte. Meine Stimme und meine Gitarre haben das erreicht. Das Lustige dabei ist, dass ich mich, kaum wurde ich auf die Partys eingeladen, von denen man mir so viel erzählt hatte und von denen ich träumte, überhaupt nicht mehr dafür interessierte.

Sie waren von Anfang an eine starke Persönlichkeit und haben sich bereits mit achtzehn Jahren, in einem Alter also, in dem die meisten jungen Leute noch keine eigene Position gefunden haben, für ganz bestimmte Werte eingesetzt. Woher rührten diese?

Aus meiner Erziehung in einer Quäker-Familie. Obwohl ich die strengen Versammlungen am Sonntagmorgen hasste, die in völliger Stille abgehalten wurden und zu denen wir als Familie gingen, ist doch etwas Kraftvolles davon in mich eingesickert. Und es ist mir gelungen, etwas von dieser Stille in meinem Leben beizubehalten, in meiner buddhistischen Phase ebenso wie in der christlichen. Und vor allem habe ich meine Liebe zu ihrer Idee der Gewaltlosigkeit entdeckt. Die meisten Religionen predigen dieses Gebot aus der Bibel:»Du sollst nicht töten.« Aber sobald ein Krieg ausbricht, ist es vorbei mit der Regel. Die Quäker dagegen tragen keine Waffen. Auch wenn man sie dafür verachtet, beleidigt, als Waschlappen bezeichnet, als Nicht-Patrioten, und ins Gefängnis wirft. Ein Quäker würde niemals das Interesse der Nation über ein Menschenleben stellen. Das habe ich seit meiner Kindheit sehr ernst genommen.

Ihr Vater hatte abgelehnt, als Physiker für die Verteidigung zu arbeiten.

Seine Freunde hatten ihn anfänglich davon überzeugt, eine gut bezahlte Stelle anzunehmen, indem sie ihm immer wieder sagten: Keine Sorge, du wirst auf niemanden schießen müssen! Er entwickelte vor allem Panzerglas für Kampfflugzeuge. Aber er hatte Gewissenskonflikte und hat sich dann endgültig für den Pazifismus entschieden und lieber Physik an der Universität gelehrt. Ich habe seinen Standpunkt vollkommen geteilt. Umso mehr, als ich auch einen Schüler von Mahatma Gandhi getroffen habe, einen Verfechter der gewaltfreien Revolution, der lange mein spiritueller Meister war.

Mit sechzehn Jahren habe ich meinen ersten Akt zivilen Ungehorsams begangen. Während eines Übungsalarms am Gymnasium zu einem Atomangriff habe ich mich geweigert, die Klasse zu verlassen, nach Hause zu rennen und mich dort im Keller zu verstecken, wie man es von uns verlangte. Ich hatte in den Büchern meines Vaters gelesen, dass eine Rakete von Moskau aus mein Gymnasium in Palo Alto so schnell erreichen würde, dass keine Zeit bliebe, um nach Hause zu kommen, und so protestierte ich gegen diese groteske Propagandamaßnahme.

Welche Konsequenzen hatte das?

Statt meine Argumente ernst zu nehmen, haben Eltern und Schüler sofort geschrien: »Das ist eine Kommunistin!« Ein Foto von mir war auf der Titelseite der Lokalzeitung abgebildet, und die Leitartikel und Leserbriefe besagten alle dasselbe: »Dieses Mädchen ist gefährlich.« Hüten wir uns vor einer kommunistischen Unterwanderung in den Schulen von Palo Alto!

War das zu derselben Zeit, als Sie Martin Luther King kennengelernt haben?

Ja. Die Religiöse Gesellschaft der Freunde in Amerika organisierte als Teil der Quäker damals eine dreitägige Konferenz für zweihundert Jugendliche, die aus dem ganzen Land kamen und nur so strotzten vor Leidenschaft. Ich nahm gleichzeitig als Lehrerin und Studentin teil. Und in jenem Jahr war der Hauptredner dieser siebenundzwanzigjährige schwarze Prediger aus Atlanta: Martin Luther King. Er schlug das Publikum in seinen Bann. Er sprach von Ungerechtigkeit und einem Kampf, den man mit den Waffen der Liebe führen könne. Er sprach von Freiheitsmärschen und Busboykotten in Mississippi, um die Segregation anzuprangern. Er hatte Worte für meine noch unausgereifte

Meinung, die hier Gestalt annahm. Ich stand auf, ich war in Tränen aufgelöst.

Vier Jahre später und bereits berühmt, sind Sie auf Tournee im Süden und fassungslos, als Sie erfahren, dass keine Schwarzen im Publikum auf Ihren Konzerten sind ...
Ich hatte in meinen Verträgen folgenden kleinen Passus übersehen:»Weißen vorbehalten.« Ich war entsetzt. Und im folgenden Jahr habe ich klarstellen lassen, dass ich nicht singen werde, wenn die schwarzen Gäste nicht zugelassen würden. Das hatte leider gar keine Auswirkungen, weil die Schwarzen mich nicht kannten. Ich begriff, dass ich in ihre Schule gehen und dort singen musste. Das habe ich dann auch getan, am Miles College in Birmingham, wo die Polizei mit Hunden und Wasserwerfern die ganze Stadt umstellt hatte und am Tag einer Großdemonstration viele Leute festgenommen wurden. Die Weißen haben sich in die Mitte des Zuschauerraums gesetzt, die Schwarzen an den Rand, und so habe ich herumgescherzt über diesen schwarz-weißen Saal und dass wir wie beim Kochen Salz und Pfeffer mischen sollten. Und das Konzert war phantastisch. In dem Augenblick, als ich anfing, *We Shall Overcome* zu singen, sind die Leute aufgestanden und haben sich beim Mitsingen an den Händen gehalten. Manche haben geweint. Es war das erste Mal, dass sie einen Menschen anderer Hautfarbe berührten.

Genau dieses Lied haben 35 000 Menschen mit Ihnen zusammen am 28. August 1963 in Washington angestimmt, wo Martin Luther King seine berühmte Rede »I have a dream« gehalten hat.

Ja, ich stand ganz in der Nähe von Martin Luther King, als er den vorbereiteten Text zur Seite legte und so wunderbar improvisierte. Aber ich habe auch mit ihm zusammen in Grenada im Bundesstaat Mississippi einen Zug von schwarzen Kindern angeführt, denen der Zugang zu einer Einrichtung verweigert wurde, die den Weißen vorbehalten war. Dort hat er erklärt, dass es einem gelingen müsse, alle Menschen zu lieben und Mitgefühl mit ihnen zu haben, auch mit den Männern des Ku-Klux-Klans, die uns gegenüberstanden. Aber das wusste ich bereits. Hinterher habe ich ihn in den unterschiedlichsten Zusammenhängen wiedergetroffen. »Jetzt siehst du, dass ich kein Heiliger bin«, hat er eines Tages lachend zu mir gesagt. Und ich habe geantwortet: »Und du siehst, dass ich nicht die heilige Jungfrau bin!«

Sie haben unter dem Bombenhagel in Hanoi gesungen, den Kampf von Amnesty International unterstützt, die Madras de Plaza de Mayo, die Dissidenten im Osten …

Mir gefällt die Vorstellung, dass man eine bestimmte Richtung verfolgt, ein Anliegen hat, für etwas kämpft. Das ist viel wichtiger als nur um des Singens willen zu singen. Man muss überall hingehen, auch an die schwierigsten Orte. Den Völkern entgegengehen, die die Hölle durchleben. Als ich am Ende der Pinochet-Herrschaft nach Chile kam, durfte ich keine Konzerte geben. Also habe ich in einer Kirche gesungen, wo sich 5000 Menschen eingefunden hatten, weil sie durch Mundpropaganda davon erfahren hatten, darunter auch Musiker, die während dieser dunklen Jahre der Zensur unterlagen. Diese Momente sind rückblickend die schönsten.

Obama ist der einzige Präsident, für den Sie sich engagiert haben.

Ja, von ihm ging eine Art Zauber aus, und seine Reden hatten eine ungeheure Kraft, die Menschen zu mobilisieren. Wenn er weiter von der Straße aus tätig gewesen wäre und nicht ins Weiße Haus hätte einziehen wollen, dann hätte er, glaube ich, eine ebenso große Bewegung ins Leben rufen können wie Martin Luther King.

Fürchten Sie, dass Donald Trump gewählt werden könnte?

Es gibt so viele frustrierte, dumme, ungebildete Menschen, die keine Ahnung davon haben, was auf der Welt passiert, sodass das leider möglich ist. In ihm steckt etwas von Hitler und von Mussolini. Er sieht Mussolini übrigens auch ähnlich. Ich erinnere mich an ein Video, das ich einmal gesehen habe, in dem Bush erklärte: »Es wäre viel einfacher, wenn ich ein Diktator wäre.« Und da habe ich begriffen, warum meine Angst vor dem Standrecht, vor Massenfestnahmen und dem Anstieg von Folter durchaus berechtigt war. Stellen Sie sich mal vor, was Trump alles tun könnte.

Ist es reizvoll, älter zu werden?

Eine »Alte« zu werden, wie die Inder oder Tibeter ehrfürchtig sagen, die das Alter preisen? Ja, ich glaube, man besitzt zugleich Weisheit, Erfahrung, Abstand und das Wissen darum, dass die Welt hart ist, aber dass man lachen können muss. Ich bin in keiner Weise desillusioniert von den Menschen, weil ich mir nie Illusionen gemacht habe. Aber während ich in meiner Jugend sehr unnachgiebig war, hoffe ich heute, milder und toleranter zu sein. Meine Überzeugungen sind allerdings noch immer dieselben.

Sie haben vor Kurzem Ihre Mutter und Ihre ältere Schwester verloren. Wie gehen Sie mit Ihrer Trauer um? Das ist interessant. Als meine Mutter hundert Jahre alt wurde, habe ich sie gefragt, was sie an ihrem Geburtstag machen möchte. »Tot umfallen«, hat sie mir geantwortet. Das war ihre Art von Humor. Wir haben ein großes Fest gefeiert, und dann ist sie ins Koma gefallen. Verwandte, Freunde, Krankenschwestern, wir alle haben uns in dem einzigen Zimmer ihres Hauses zusammengefunden und auf dem Boden geschlafen. Morgens haben wir die Schlafsäcke zusammen- und abends wieder ausgerollt. Sie blieb eine Woche lang in diesem Zustand, als ob sie uns zum Narren halten wollte. Wir sagten: »Komm schon, Mama, du musst weitergehen.« Und dann ist sie gegangen!

Dieser Tod hat mich meiner älteren Schwester Pauline sehr nahegebracht, und wir haben uns ständig Karten geschrieben, über drei Jahre hinweg. Ich bin mir darüber klar geworden, wie sehr mir an ihr lag und in welchem Maße die Gefühle, die ich beim Tod meiner Mutter und meiner jüngeren Schwester unterdrückt hatte, ihr gegenüber wieder hochkamen. Aber sie hatte Krebs mit Metastasen, und eines Tages sagte sie uns: »Ich habe mich entschieden auszuchecken«, wie im Hotel beim Bezahlen, wenn man das Zimmer räumt. Das war zugleich komisch und äußerst unkonventionell. Ich bin in Tränen ausgebrochen. Aber sie wollte nicht mehr gequält werden. Also sind wir bei ihr geblieben und haben ein weiteres Mal alle zusammen auf dem Fußboden des Gesundheitszentrums geschlafen. Und als sie gegangen war, haben wir die Krankenschwestern nicht hereingelassen. Ihre Kinder haben sie gewaschen und ihr ein hübsches Nachthemd angezogen. Das ist mit Abstand seit

Langem die Erfahrung, die mich am tiefsten berührt hat. Und ich bin mir seither des Alters bewusster als zuvor.

Sie erwähnen oft eine seltsame Beziehung zu Gott.

Ich spüre eine Präsenz, die ich nicht näher bestimmen kann. Das Gefühl von etwas, das sehr viel größer ist als ich, sehr viel intelligenter, voller Mitgefühl. Aber angesichts mancher Verbrechen auf der Welt habe ich oftmals keine Entschuldigung.

Wann sind Sie am glücklichsten?

Wenn ich tanze, oder wenn ich male. Wenn ich mit dem Singen aufhöre, werde ich malen.

Das ist nicht Ihr Ernst!

Oh doch, natürlich! Und zwar in gar nicht allzu ferner Zukunft. Die Stimme verändert sich, wissen Sie. Sie ist ein Muskel, den ich gewissenhaft trainiere und bearbeite, aber sie bringt nicht mehr die Klänge hervor, die ich gern hätte, sie klettert nicht mehr zu den hohen Tönen hinauf wie früher. An manchen Tagen mag ich sie noch immer sehr, weil sie widerspiegelt, dass ich fünfundfünfzig Jahre lang gesungen, gelebt und so viele Dinge getan habe. Aber alles Irdische vergeht …

Asli Erdoğan

Die türkische Schriftstellerin ist noch gezeichnet von der Haft, sie sieht müde, mitgenommen aus, die eine Hand liegt auf dem Bauch, der ihr seit Tagen Schmerzen bereitet, die andere hält fieberhaft die Zigaretten, die sie eine nach der anderen raucht, während sie mit heiserer Stimme spricht. Aber sie ist da, in einer kleinen Wohnung in Istanbul, wo ich sie im Frühjahr 2017 treffe, zierlich, mit schüchtern-schmerzerfülltem Lächeln, auf Bewährung entlassen und noch immer absurderweise der versuchten Zerstörung der nationalen Einheit angeklagt, weshalb ihr lebenslange Haft droht.

Ich wäre nicht die, die ich heute bin, wenn ...

Wenn ich nicht seit meiner frühesten Kindheit einer Welt aus Gewalt und Angst ausgeliefert gewesen wäre. Mit vier Jahren wusste ich, was die Worte »Folter«, »Gefängnis« und »Kommunismus« bedeuten. Mein Vater war ein glühender Aktivist und ehemaliger Führer des Studentenbundes seiner Universität in den Sechzigerjahren, er war besessen von der Politik. Und meine erste Erinnerung ist das Entsetzen, das mich an jenem Tag 1971 packte, als ich sah, wie ein Militärlaster vor unserem Haus parkte und zehn Soldaten daraus ausstiegen, um in unsere Wohnung zu stürmen und meinen Vater vor den Augen meiner weinenden Mutter zu verhaften. Er wurde ein paar Stunden später wieder freigelassen, denn sie suchten eigentlich unseren Nachbarn, der hatte fliehen können. Aber ich habe Albträume davon gehabt, bis ich zwanzig Jahre alt war. Albträume von Flucht, Festnahmen, Folter. Ich rannte, rannte, rannte, und immer haben sie mich eingeholt. Jede Konfrontation mit der Polizei wirft mich wieder auf diese Ursprungsangst zurück.

Haben Ihre Eltern Sie denn nicht beruhigt?

Oh nein! Um der Polizei zu entkommen, hatte mein Vater es geschickt angestellt und war für seinen Militärdienst zur Armee gegangen, den er lange aufgeschoben hatte. Er ist davon vollkommen verändert zurückgekehrt: paranoid, äußerst gewalttätig. Ich glaube, eine Verhaftung wäre besser gewesen als dieses ruhelose, angsterfüllte Warten, in dem er meine Mutter und mich leben ließ. Er brachte Waffen mit nach Hause und kehrte das, worunter der Staat ihn leiden ließ, gegen uns: die Angst vor Gewalt. Er sagte zu mir:»Ich bringe deine Mutter um«, und ich stellte mich dazwischen, um sie gegen diesen riesigen Mann zu verteidigen, der ein Gewehr oder ein Messer hatte. Ich glaube nicht, dass er sie wirklich umbringen wollte. Andere Frauen hat er nie geschlagen. Aber für ein kleines, äußerst empfindsames, zerbrechliches Mädchen wie mich, das sich alles zu Herzen nahm, waren seine Grausamkeit und diese Gewalt traumatisierend.

Kamen Ihre Eltern aus demselben Milieu?

Nein. Sie stammte aus einer Intellektuellenfamilie aus Thessaloniki. Ihre Mutter war Dichterin, sie selbst spielte

Geige. Sie hatte Wirtschaftswissenschaften studiert und war in den Sechzigerjahren durch die Türkei getrampt. Können Sie sich das vorstellen? Das wäre heute unmöglich. Sie war modern, elegant, trug kurze Hosen. Und sie war eine sehr schöne Frau. Er war tscherkessischer Herkunft (Tscherkessien liegt im Nordkaukasus) und hatte die Geschichte seines entwurzelten Volkes verinnerlicht, das Gemetzel und Völkermorde erlebt hatte. Seine Familie war sehr arm und hatte in den Zwanzigerjahren ihr ganzes Land verloren, und er hatte sich mit der für Menschen aus den Bergen typischen harschen Verbissenheit an sein Studium geklammert, zunächst an der Militärakademie und später an der Fakultät für Ingenieure. Nichts fiel ihm in den Schoß, er musste um alles kämpfen und sich auf seine außergewöhnliche Intelligenz verlassen. Ich glaube, er hat meine Mutter leidenschaftlich geliebt, aber ihre ungleiche Ehe konnte nur tragisch enden. Schließlich haben sie sich scheiden lassen, als ich achtzehn Jahre alt war. Ich musste gegen meinen Vater aussagen, obwohl ich mich ihm seltsamerweise viel näher fühlte, denn meine Mutter hatte nie etwas Mütterliches verkörpert. Danach haben sich beide ihr Leben neu aufgebaut. Mein Vater hat noch dreimal geheiratet, meine Mutter zweimal. Sie sind Freunde geworden. Ich bin die Einzige, die sich nie davon befreit hat.

War die Literatur schon sehr früh eine Zuflucht für Sie?
Ja. Sie war meine erste Zufluchtsstätte. Ich habe ganz allein lesen und schreiben gelernt, mit vier Jahren. Man stufte mich als »hochbegabt« ein mit einem sehr hohen IQ, worauf mein Vater stolz war. Aber ich hatte verschiedene Beschwerden auf emotionaler Ebene; ich war introvertiert, konnte

nicht auf andere zugehen und keine Freundschaften schließen. Ich verbrachte meine Tage mit Lesen, zwischen Phantasie und Wahnvorstellungen. Und ich fing heimlich an, Gedichte zu schreiben. Leider hat meine Großmutter, als ich zehn Jahre alt war, einige davon ohne mein Wissen an eine kleine Zeitschrift in Istanbul geschickt, die sie veröffentlicht hat. Ich war vollkommen erschüttert. Alle sprachen darüber, ich schämte mich, fühlte mich schlecht, ich war nicht darauf vorbereitet. Ich habe auf der Stelle mit dem Schreiben aufgehört.

Sie beschreiben das Jahr 1977, in dem Sie zehn Jahre alt waren, als eine Wegscheide.

In diesem Jahr habe ich die schwere Aufnahmeprüfung für das Robert College in Istanbul gemacht, die beste Schule der Türkei. Ich wurde als Sechstbeste aufgenommen, und das war eine außerordentliche Chance für ein Mittelschichtskind wie mich. Aber: Kaum, dass ich das Ergebnis erfahren hatte, habe ich einen Selbstmordversuch unternommen und Schlaftabletten geschluckt. Ich erinnere mich noch an das angenehme Gefühl, das mir der bevorstehende Tod bereitete. Der Kummer verging. Die Angst verschwand. Es war unglaublich befreiend! Das war natürlich ein Schock für meine Eltern, die zum ersten Mal begriffen, in welchem Maße ihre Gewalt mich zerstörte. Darum waren alle fast einen Monat lang ganz sanft zu mir. Und dann haben sie wieder angefangen, sich anzuschreien. Und ich habe meine krankhaften Obsessionen weiter genährt.

Zwei Monate nach meiner Einschulung am Robert College wurde ich Opfer eines sexuellen Übergriffs. Und zu diesem neuen Trauma kam noch das des Schuldgefühls hinzu, weil mein Vater die Familie zusammenrief und – im Gegensatz zur Schule, die die Sache taktvoll behandelte – einen Riesenskandal auslöste, und dann teilte er mir rachsüchtig mit, dass der Schuldige von der Polizei gefoltert worden sei, bevor er wieder freigelassen wurde. Mehr als je zuvor empfand ich das Leben als tragisch.

Wie stellten Sie sich Ihre Zukunft vor?
Ich hatte keine Träume. Keine Wünsche. Ich war jünger als alle meine Klassenkameraden und blieb lange ein Kind, sowohl körperlich als auch im Geiste, während die anderen Mädchen zu Frauen wurden. Ich war arm, dünn, sehr schüchtern, trug die Last dieses hohen IQ mit mir herum, der mich immer zur Ersten machte und für den ich mich schämte, denn ich hasste es, Aufmerksamkeit zu erregen. Das ist übrigens noch heute so. Ich fühle mich nicht wohl im Rampenlicht. Selbst wenn alles bestens läuft, finde ich garantiert ein Problem.

Sie haben erstaunlicherweise einen naturwissenschaftlichen Weg eingeschlagen.
Das türkische Schulsystem sieht für die besten Schüler grundsätzlich medizinische oder Ingenieursberufe vor. Trotz meiner Leidenschaft für die Literatur habe ich daher mein Ingenieurdiplom gemacht, bevor ich mich wieder der Physik zugewendet habe. Aber nach der Scheidung meiner Eltern sind Schlag auf Schlag zwei Dinge passiert, die beide ein Schock für mich waren: mein zeitweiliger Schulverweis nach einer Streitigkeit mit einem Lehrer und ein Gesundheitsproblem, aufgrund dessen ich ein Solo nicht tanzen konnte, für das ich sehr lange heimlich trainiert hatte, ohne

dass mein Vater davon wusste. Daraufhin habe ich mit zweiundzwanzig einen weiteren Selbstmordversuch unternommen, gut geplant dieses Mal, und man dachte zunächst, ich würde ihn nicht überleben. Es schien hoffnungslos, obwohl man mir im Krankenhaus sofort den Magen ausgepumpt hatte und die Ärzte mich beschworen zu kämpfen: »Wir können nichts mehr tun, das müssen Sie selbst mit dem Tod ausmachen«. Aber am Ende hat der Überlebenswille gesiegt. Im allerletzten Moment, als ich spürte, dass ich Richtung Tod gleite, habe ich den Arzt angeschrien: »Retten Sie mich!« Ich habe mich entschieden, das Leben mit all seinem Leid zu akzeptieren, und habe gekämpft. Das ist ein Wendepunkt in meinem Dasein. Danach habe ich nie wieder versucht, mich selbst zu töten.

Und Sie haben wieder angefangen zu studieren?

Ja, aber ich habe auch meinen ersten fiktiven Text geschrieben, der auf diesem Selbstmordversuch beruhte. Ich habe ihn bei einem großen Wettbewerb für unveröffentlichte Werke eingereicht, und ich habe den Preis gewonnen. Aber ich wollte nicht, dass diese Geschichte publiziert wurde. Zu drastisch. Zu bitter. Und dann habe ich am Conseil européen pour la recherche nucléaire (CERN) in der Nähe von Genf zu hochenergetischen Teilchen geforscht.

Waren Sie glücklich, Istanbul zu verlassen?

Und wie! Endlich konnte ich diese Familie und dieses bedrückende Land verlassen, endlich in Freiheit leben. Zumindest in gewisser Freiheit. Aber ich fand dort nicht das Glück, das ich erwartet hatte. Ich hoffte, mich mit anderen über Higgs, Einstein und die Entstehung des Universums

zu unterhalten. Aber die Wissenschaftler – ausschließlich
Männer, fulminante, passionierte Nobelpreisanwärter und
Machos – waren viel zu verstrickt in ihren Ehrgeiz, in ihre
Karriere, in ihre Machtkämpfe. Keine Zeit für Nettigkei-
ten oder Freundschaft. Es wurde vierzehn Stunden täglich
gearbeitet. Und um in dieser ungeheuren Einsamkeit nicht
verrückt zu werden, schrieb ich von ein bis fünf Uhr morgens. Dort entstand meine erste Sammlung von Erzählun-
gen, *Der wundersame Mandarin*, die ich erst fünf Jahre später in der Türkei veröffentlicht habe. Ich hatte so viel Energie
in mir wie ein eingesperrter Tiger, mein Hirn war in Auf-
ruhr. Alles war exzessiv. Später habe ich entdeckt, dass es
sich dabei um eine manisch-depressive Störung handelte.

*Haben Sie sich dann bei Ihrer Rückkehr nach Istanbul ganz
dem Schreiben gewidmet?*
Zuerst habe ich ein Doppelleben geführt. Tagsüber als
Physikerin an der Universität, an der ich meine Doktorarbeit geschrieben hatte. Und nachts als Geliebte eines Afri-
kaners, den ich in einer Reggae-Bar kennengelernt hatte
und der im Ghetto lebte. Ich habe damals den Rassismus
der Türken erlebt, ihren Hass, ihre Aggressivität und ihre
Verachtung beim Anblick eines gemischten Paares. Und
natürlich die extreme Gewalt der Polizei gegenüber dieser
Gemeinschaft illegaler Einwanderer, die gejagt, verstoßen,
verfolgt, in den Knast gesteckt und eines Tages nach einer
Razzia in ein Lager an der syrischen Grenze gebracht wurden. Das war die Hölle. Ich habe versucht, einen Artikel
über dieses Thema zu schreiben. Vergebens. Ich habe damit nur meinen Freund in Gefahr gebracht. Die Albträume
von Polizei und Folter fingen wieder an. Ich fühlte mich

verfolgt. Meine Beziehung war sehr angespannt. Ich musste die Türkei verlassen. Ein befreundeter Physiker verschaffte mir einen Job in Brasilien.

Und Sie kehrten der Physik den Rücken.
Dieser große Traum, den ich über so viele Jahre hinweg verfolgt hatte, war wie ausgetrocknet. Es war zu Ende, wie eine Ehe irgendwann zu Ende sein kann. Und es gab nichts zu bereuen. Ich wollte schreiben. Die beiden Jahre, die ich in Rio verbrachte, auch dort wieder in einem ruhelosen, morbiden, bedrückenden, gewalttätigen Umfeld, waren der Stoff für ein Buch, *Die Stadt mit der roten Pelerine*, das ich allerdings erst bei meiner Rückkehr in die Türkei geschrieben habe. Vor Ort, wo ich in sehr armen Verhältnissen lebte und mehrmals mein Leben riskierte, habe ich nicht eine Zeile geschrieben. Und dann lernte ich einen Mann kennen, einen Amerikaner, der sich in mich verliebte. Als ich mich entschied, in mein eigenes Land zurückzukehren, ist er mir gefolgt, und wir haben geheiratet.

Jetzt waren Sie Schriftstellerin.
Ich war sehr krank, als ich zurückkam, ich hatte abgenommen, man unterstellte mir, ich sei magersüchtig, ich fiel ständig in Ohnmacht. Letztlich hatte ich einen Tumor der Hirnanhangdrüse. Aber über acht Monate hinweg habe ich mich wie eine Verrückte ins Schreiben gestürzt und nachts so fieberhaft an meinem brasilianischen Buch geschrieben, dass ich kaum bemerkte, wie mein Mann mich verließ. Und plötzlich hatte mein Leben einen Sinn. Ich ließ das Leiden und das Chaos der vergangenen Monate hinter mir. Das zehnjährige Mädchen, das mit dem Selbstmord-

versuch die eigene Sterblichkeit erproben wollte, und die dreißigjährige Frau, die so viel eingesteckt hatte, waren auf einmal eins. Zum ersten Mal in meinem Leben fühlte ich mich vollständig. Und das verdankte ich dem Schreiben. Ein Gefühl unglaublicher Fülle. Das natürlich zerbrechlich war. Aber unbezahlbar. Und unvergleichlich. All meine Wunden waren gerechtfertigt und hörten auf zu bluten. Ich frage mich, ob ich nach der Zeit im Gefängnis, die ich gerade hinter mir habe und in der ich einen hohen Preis für mein Schreiben zahlen musste, jemals wieder diese Gnade empfinden werde.

Die Texte, mit denen Sie den Hass der Regierung auf sich gezogen haben, sind vor allem die Kolumnen, die in Zeitungen veröffentlicht wurden – zunächst in Radikal *und dann in der Tageszeitung* Özgür Gündem *–, in denen Sie furchtlos die größten Tabus in der Türkei angehen, etwa die Vergewaltigungen junger Kurdinnen durch paramilitärische Türken, den Genozid an den Armeniern, die Folter in den Staatsgefängnissen, den Hungerstreik der politischen Gefangenen …*

Als ich 1996 das Angebot bekam, für *Radikal* zu schreiben, wo viele Intellektuelle arbeiteten, war mein Gedanke, dass das sicher ein Ausweg aus meiner narzisstischen Hölle wäre und mein Interesse für die türkische Gesellschaft stärken würde. Außerdem musste ich meinen Lebensunterhalt verdienen. Und dann haben die Themen mich gepackt, eines nach dem anderen. So viele Tragödien! Wie hätten wir darüber schweigen können? Man muss den Opfern Gehör verschaffen. Man muss die geeigneten Worte und literarischen Wege finden, um diejenigen Leser zu berühren, die sich nicht mit diesen Dramen und der Gewalt befassen möchten. Das ist ein Muss. Ein absolutes Muss! Die journalistische Sprache reicht nicht aus. Der Rückgriff auf die Kunst und die Literatur ist unbedingt notwendig. Ich habe wie eine Wahnsinnige gearbeitet. Ich habe jedes Detail tausendmal überprüft. Alle Fakten, die ich erwähnt habe, waren peinlich genau recherchiert und stimmten. Übrigens gab es nie auch nur die geringste Beschwerde.

Aber man soll ja nicht die Objektivität von mir verlangen, die Opfer und Täter auf dieselbe Stufe setzt. Das wäre eine Schande. Wenn man sieht, wie ein Mann eine Frau schlägt, besteht die Objektivität darin, die Frau zu unterstützen. Und wenn man von dem Massaker erfährt, bei dem die kurdische Zivilbevölkerung der Stadt Cizre im März 2015 von den Militärs lebend verbrannt wurde – ein kleines Mädchen erzählt dazu: »Sie haben mir eine fünf Kilo schwere Plastiktüte voll mit Asche und Knochen gegeben und gesagt: Das ist dein Vater« –, dann besteht die Objektivität darin, den Überlebenden das Wort zu erteilen.

Aber dann haben sich die Probleme gehäuft.

Eine ganze' Reihe persönlicher Probleme, zusätzlich zur ständigen Überwachung durch die Polizei. Ein ehemaliger Lebensgefährte hat 2003 aus Rache ein Buch herausgebracht, in dem er mich verleumdet, mich als skrupellose Frau ohne jegliche Moral beschreibt, die Männer und Frauen aufreißt und anderen die Ehemänner wegnimmt. Die Boulevardzeitungen haben das als Aufmacher genommen und damit meine Glaubwürdigkeit zerstört, mein kostbarstes Gut. Ich konnte nicht mehr auf die Straße gehen. Ich war schrecklich verletzt, das war eine Art gesellschaftliches Todesurteil. Dann 2008, kurz vor einer Reise in verschiedene Länder, in denen meine Bücher in einer Übersetzung erschienen waren, und während der Arbeit an meinem Buch über Folter wurden vier Bandscheibenvorfälle in meiner Halswirbelsäule entdeckt und mir drohte eine Lähmung. Ich wurde notoperiert, bekam eine Prothese, und mein Leben hat sich völlig verändert. Schluss mit dem Tanzen, mit dem ich zu Hause nie aufgehört hatte, selbst nicht in den depressiven Phasen. Schluss mit sämtlicher körperlicher Aktivität. Schluss mit meinem Leben als Frau …

Schließlich habe ich noch erfahren, dass meine beste Freundin eine Informantin der Polizei war, dass sie 2013 Wanzen in meinen Computer gebaut und dort Dokumente über die Arbeiterpartei Kudistans (PKK) hinterlegt hatte, vernichtendes Material, wenn man es entdeckt hätte. Dann wurde sie unter ungeklärten Umständen tot aufgefunden. Nach diesem erneuten Verrat war ich vollkommen zerstört.

Einen Monat nach dem versuchten Staatsstreich gegen Präsident Recep Tayyip Erdoğan am 15. Juli 2016 ist am 16. August das eingetreten, wovor sie sich seit jenem traumatischen Tag gefürchtet haben, als Sie vier Jahre alt waren …

Ich lag im Bett, an einem sehr heißen Tag. Es hat geklingelt. Ich habe gerufen: Wer ist da? »Machen Sie auf, hier ist die Polizei!« Ich habe gesagt: Ich muss mich nur anziehen. »Machen Sie auf, oder wir schlagen die Tür ein.« Sie fingen schon damit an, und ich musste öffnen, nur im T-Shirt mit nackten Beinen. Ein vermummter Mann in kugelsicherer Weste hat mit einer automatischen Waffe auf meine Brust gezielt. Dreißig weitere sind innerhalb von Sekunden in meine Wohnung gestürmt und haben sie sieben Stunden lang von oben bis unten durchsucht. Dann haben sie mich mitten in der Nacht mit auf die Wache genommen und mich drei Tage in einer Art Käfig mit drei anderen Frauen eingesperrt, bevor ich vor den Staatsanwalt kam. Draußen wartete eine Menschenmenge auf mich, zusammen mit meiner Mutter. Meine Anwälte waren da und gaben sich optimistisch: »In einer Viertelstunde sind Sie wieder frei.« Und dann ging es nicht weiter. Wir mussten warten. Ich spürte, dass es ein Problem gab. Und als der Staatsanwalt schließlich das erwartete Dokument herausgab, hat einer der Anwälte aufgeschrien. Ich habe gefragt: Was ist los? »Sie werden in Haft genommen.« Zum Glück hat mir niemand gesagt, was der Artikel 302 des Strafgesetzbuchs umfasste, auf den sich die Entscheidung gründete: Zerstörung der nationalen Einheit. Die schlimmste Straftat nach türkischem Recht. Auf die die Todesstrafe steht.

Sie existiert seit 2004 nicht mehr.

Sie wird wieder eingeführt. Präsident Erdoğan hat es nach dem Referendum angekündigt. Bis dahin gilt die lebenslange Freiheitsstrafe. Meine Mutter durfte mich umarmen. Sie war völlig verstört, man sah ihr die Sorge an. »Haben sie dich gefoltert?« Draußen, wo ich von einem Polizeiauto mitgenommen wurde, schrien lauter Schriftsteller und Journalisten laut: »Asli Erdoğan ist nicht allein.« Und ich habe ihnen zugewinkt.

Wie lange waren Sie im Gefängnis?

Hundertsechsunddreißig Tage. Zuerst in Isolierungshaft, dann im Flügel für politische Gefangene der PKK. Ich hörte Schreie und Schlägereien aus den anderen Flügeln des Gefängnisses. Aber bei uns ging es sehr diszipliniert und solidarisch zu. Die Frauen lasen und diskutierten miteinander, während ich in meiner Zelle war. Es war immer kalt. Anfangs stand ich unter Schock, ein gutes Betäubungsmittel. Dann habe ich versucht, mich mit Sudokus zu beschäftigen. Bücher habe ich nicht oder kaum gelesen. Zu schön fürs Gefängnis. Ich konnte vor allem nicht glauben, was mir da passierte. Es war ungerecht, himmelschreiend, verwirrend und rechtlich gesehen unlogisch. Es gab keinerlei Beweismaterial gegen mich. Nichts. Und man behandelte mich, als wäre ich die Gründerin der PKK, obwohl ich weder Kurdin bin noch Kurdisch spreche noch irgendwelche politischen oder militärischen Erfahrungen habe, sondern nur eine Schriftstellerin bin. Das ist Machtmissbrauch und eine Straftat. Wenn die Türkei eine normale Demokratie wäre, müsste der Staatsanwalt, der mich hat festnehmen lassen, selbst auch vor Gericht gestellt werden. Warum ich?, fragte ich mich immer wieder. Warum dieser Hass gegen mich?

Haben Sie inzwischen eine Erklärung?
Es ist vor allem ein Terrorakt gegen Intellektuelle. Ich war ein Symbol und umso mehr eine leichte Beute, als ich überhaupt keiner Organisation angehöre und eine Frau bin. Ich wurde am 29. Dezember 2016 wieder freigelassen, ohne von den Vorwürfen entlastet zu sein und mit einem Reiseverbot, trotz der Preise und der Einladungen ins Ausland. Ich bin also nach wie vor dieser Regierung ausgesetzt, die jede Menge Leute verhaftet und sich nicht im Geringsten um geltendes Recht schert.

Was haben Sie jetzt vor? Bestärkt diese traumatische Gefängniserfahrung Sie darin, von den Verletzungen der Menschen-

rechte zu berichten? Oder denken Sie zunächst an Ihre eigene Rettung?

Tja, ich schwanke ständig zwischen diesen beiden Möglichkeiten. An einem Tag wache ich auf und denke: Ich habe nichts zu tun mit der Türkei, mit den Kurden, mit den Opfern. Ich will einfach Schriftstellerin sein, oder Ingenieurin, ein Zuhause finden, all das Schreckliche hinter mir lassen. Und am nächsten Tag denke ich, dass es gar nicht zur Debatte steht zu schweigen. Dass ich darüber schreiben, den Opfern eine Stimme geben muss. Dass das eine Sucht ist. Dass ich eine echte Schriftstellerin bin.

Sind Sie stärker geworden dadurch, dass Sie all die schweren Prüfungen durchlebt haben?

Überhaupt nicht. Jedes Mal stirbt etwas in einem. Und etwas überlebt. Und die Literatur ist für mich das Einzige, wodurch die beiden Teile weiter miteinander in Verbindung stehen. Aber nichts wird jemals eine Stunde der Folter oder einen Tag im Gefängnis wieder ausgleichen. Nichts. In den ersten beiden Monaten nach meiner Befreiung bin ich jede Nacht mehrmals mit fürchterlichem Brechreiz aufgewacht. Ein posttraumatisches Syndrom, wie man mir sagte. Ich habe jede Nacht Albträume und nehme Medikamente.

Aber schauen Sie, ich bin trotzdem glücklich, dass meine Selbstmordversuche mit zehn und zweiundzwanzig Jahren missglückt sind. Es hat sich gelohnt zu leben, trotz allem. Ich kann das Leben nach wie vor nicht lieben oder meinen Frieden damit machen, das Schicksal des Menschen ist einfach zu schrecklich. Aber ich akzeptiere inzwischen den Gedanken, dass das Leben etwas Göttliches hat. Ja, etwas Göttliches.

Nicole Kidman

Hinter der durchscheinenden Haut und dem engelsgleichen Lä-
cheln versteckt sich ein feuriges Naturell. Aufgewachsen in Aus-
tralien, lebt sie heute mit ihrem Mann, der Musiker ist, und
den beiden kleinen Töchtern in Nashville und hat sich als kühne
Schauspielerin bei den größten Regisseuren durchgesetzt. Doch
sie engagiert sich außerdem auf unterschiedlichen Gebieten.
Und das Wort »Feministin« macht ihr alles andere als Angst.

Ich wäre nicht die, die ich heute bin, wenn ...

Wenn ich nicht von einer feministischen Mutter erzogen
worden wäre. Sie gehört zu der Generation von Frauen, die
das Leben gezwungen hat, auf vieles zu verzichten, und die
nicht das Glück hatten, ihre Wünsche zu verwirklichen. Sie
hatte davon geträumt, Ärztin zu werden, aber sie ist Kran-
kenschwester geworden, weil es an Unterstützung fehlte und
an Offenheit. Darum sollten ihre beiden Töchter unbedingt
die Möglichkeiten haben, die sie selbst nicht hatte. In Bezug auf Bildung, Lebensweise, Freiheit. Sie hat mir immer
gesagt: »Lass dich nie auf weniger als das ein, was gerecht
wäre.« Damit hat sie mich schon sehr früh geprägt, sodass
es für mich unerträglich ist, wenn Männer und Frauen unterschiedlich behandelt werden.

Genügt das, um ein Leben daran auszurichten?

Ja und noch mehr! Es ist Teil meiner Lebenshaltung. Ich bin unter dem schonungslosen Blick einer Frau groß geworden, die mir sagte: Du musst intelligent sein, du musst gebildet sein, du musst die Latte immer äußerst hoch hängen und darfst dich niemals unterschätzen. Ich hatte trotzdem, wie so viele junge Mädchen, mit einem geringen Selbstwertgefühl zu kämpfen, mit der Unfähigkeit, meine eigene Stärke wahrzunehmen, und, als ich noch klein war, sogar mit dem Wunsch, mich anzupassen. Aber ihre Überzeugungen, die ich tausendmal gehört hatte, waren mir in Fleisch und Blut übergegangen. Umso mehr, als auch mein Vater, zunächst Biochemiker und später Jugendpsychologe, Feminist war wegen seiner Töchter. Ein Wort, für das man sich nicht schämen und vor dem man keine Angst haben sollte.

Dennoch schreckt es viele französische Schauspielerinnen!

Weil der Begriff mit lauter Unsinn aufgeladen ist. Wenn ich mit meiner Mutter in Australien telefoniere, protestiert sie nach wie vor gegen die Ungerechtigkeiten gegenüber Frauen. Oh, ich versichere Ihnen, sie ist brillant! Sie stellt alles infrage, und das ist wirklich anregend. Neulich meinte sie, wenn jemand etwas verächtlich einwirft: »Ach, Sie sind Feministin!«, dann sei die beste Antwort, das Wort einfach zu definieren. Worum geht es? Um die absolute Gleichheit zwischen den Geschlechtern, das ist alles. Sind Sie für gleiche Löhne? Ja. Für Rechtsgleichheit von Männern und Frauen? Ja. Dafür, dass Frauen im Hinblick auf Bildung und Chancen gleichgestellt werden müssen? Also sind Sie Feministin. Es geht in keiner Weise darum, die Männer zu ruinieren, wie albern! Selbstverständlich muss Rücksicht auf kulturelle Unterschiede genommen werden. Aber es gibt ein Prinzip, das unantastbar ist und der Menschheit zugrunde liegt, nämlich die bedingungslose Gleichbehandlung aller Menschen.

Sie haben mit dreizehn Jahren angefangen, Theater zu spielen. Aber ich kann mir vorstellen, dass Ihre Eltern sich ein Studium für Sie wünschten ...
Natürlich! Sie waren sogar sehr streng, was das anging. Und sie machten große Augen angesichts dieses Paradiesvogels, der nur davon träumte, Theater zu spielen. Ich sagte ihnen: »Ich flehe euch an! Es liegt mir im Blut! Ich liebe es zu spielen, Geschichten zu erzählen, mit Leuten zusammen zu sein, die an nichts anderes denken!« Und da haben sie meine Motivation auf die Probe gestellt: »Du willst also spielen? Dann kümmere dich selbst darum!« Ausgeschlossen, mich mit dem Auto zum Theaterkurs zu fahren. Ich war kaum elf Jahre alt und stand am Samstagmorgen früh auf, um den Bus zu nehmen, dann den Zug und noch einen anderen Bus. Nichts konnte mich aufhalten. Es kam ganz tief aus mir. Ein ungeheuer starker innerer Antrieb. Ein Feuer, das noch immer lodert.

Woher rührt diese Leidenschaft für Geschichten und das Spiel?
Kinder, die Theater spielen, sind normalerweise extrovertiert, was bei mir überhaupt nicht der Fall war. Ich war nicht »spektakulär«. Ich war sehr nach innen gerichtet. Ich fühlte und erlebte die Dinge mehr, als dass ich sie spielte. Ich verstand die Psychologie der Figuren auf eine Art, die in diesem Alter eigentlich unmöglich ist. Aber ich hatte so viele Romane gelesen. Ich stürzte mich in die Figuren, begab mich in eine intensive Beziehung mit ihnen.

Man stellt sich die Kinder in Australien eher am Strand oder auf dem Sportplatz vor als zurückgezogen in ihrem Zimmer!
Die anderen Kinder gingen an den Strand. Aber die Sonne in Australien brennt sehr stark. Und meine Haut war so hell, dass meine Mutter mich nicht raus ließ. Ich musste mich verstecken, kreuzunglücklich, weil meine Haut nicht so sonnengebräunt war wie die der anderen, aber versunken in die Bücher.

Und an diesen Büchern hat sich Ihre Phantasie entzündet?
Ich habe darin unendlich viele Gefühle ausprobiert: Begehren. Lust. Brennende Sehnsucht nach etwas, das einen sehr stark anzieht. Eine andere Person zu sein. Geküsst zu werden. Am anderen Ende der Welt zu leben. Diese intensiven Gefühle sind ein Teil meiner Kindheit. Meine Mutter hatte mir eine Liste mit den großen französischen, englischen, russischen Klassikern gemacht, und im Laufe der Zeit strich ich die Namen durch, die ich gelesen hatte. Flaubert, Dostojewski, Tolstoi … Später habe ich mich in Filmstudios und Theatern vor der Sonne versteckt. Mit vierzehn hatte ich meine ersten professionellen Rollen.

Wie stellten Sie sich damals Ihre Zukunft vor?
Ich hatte damals keine konkrete Vorstellung von dem Beruf, es war noch eine Traumvorstellung. In großen Filmen zu spielen. Zu einer Gruppe zu gehören, die ein gemeinsames Ziel verfolgt. Ich war auf der Suche nach verwandten Seelen. Und das bin ich noch heute. Ich suche die enge Zusammenarbeit mit einem Regisseur und einem Team. Nach dem Einverständnis, das die Menschen miteinander verbin-

det, aus dem Unterstützung entsteht, und dass man sich gegenseitig wachsen sieht.

Was ist der Kern Ihres Interesses?
Die Erforschung der menschlichen Psyche. Ihre Schatten, ihre Qualen, ihre enorme Vielschichtigkeit. Ich verabscheue Kitsch und alles Weichgespülte. So ist das Leben nicht. Lesen Sie mal wieder *Krieg und Frieden*! Wir alle haben Ängste und Gefühle, die viel verschlungener sind, als wir zugeben, aber die Theater und Film ans Licht bringen können. Manche Filmemacher sind die wahren Philosophen unserer Zeit. Das interessiert mich: Grenzen beiseitezuschieben, alle Erscheinungsformen des Menschen darzustellen und die Zuschauer dadurch zu ermutigen, die Psychologie des anderen besser zu verstehen, also mehr Anteil zu nehmen und damit toleranter zu sein. Das verbindet uns miteinander und macht die Welt überschaubarer. Diese Verbindung zu knüpfen ist Teil meiner Arbeit.

Sie sprechen darüber wie über etwas, für das Sie sich engagieren …
Meine Eltern waren von Grund auf engagierte Menschen, die sich um andere kümmerten. Sie hatten ihren Beruf ganz bewusst gewählt. Und das hat mich geprägt. Das ist eine Lebenshaltung, und nichts bereitet mir mehr Freude, als mich um andere zu kümmern. Als Jugendliche habe ich während der Brustkrebserkrankung meiner Mutter erlebt, wie sie und damit unsere Familie Schreckliches durchgemacht hat, und es erschien mir selbstverständlich, die Arbeit eines renommierten befreundeten Mediziners zu unterstützen, der eine Onkologie-Abteilung für Frauen an der Universi-

tät Stanford leitet, als ich die Möglichkeit dazu hatte. Und dann hat meine Mutter, auch wieder sie, in der BBC von einem tollen Hilfsprogramm von UN Women in Kambodscha für Frauen gehört, die verkauft wurden. Das war der Auslöser. Ich habe die Organisation angerufen und gefragt: »Was kann ich tun?« Und so war ich plötzlich Sonderbotschafterin für UN Women und reiste in den Kosovo und nach Haiti oder besuchte Zufluchtsorte in den USA für Frauen, die geschlagen wurden. Ich habe haufenweise Leute kennengelernt, viele vertrauliche Geschichten gehört und mit Entsetzen festgestellt, was Frauen überall auf der Welt erleben. Es müsste weltweit ein Bewusstsein dafür entstehen, und es bräuchte Gesetze, um die Frauen zu schützen. Vor allem darf nicht mehr geschwiegen werden. Das Schweigen ist der Verbündete der Täter.

Sie sind 2009 sogar vor den amerikanischen Kongress gezogen, um Alarm zu schlagen angesichts der Gewalt gegen Frauen. Fühlten Sie sich dort an der richtigen Stelle?

Ja. Ich empfand es als eine Ehre, das Anliegen der halben Menschheit verteidigen zu dürfen. Auch Ban Ki-moon habe ich getroffen. Man muss miteinander reden! Unermüdlich. Es ist skandalös, wie die Frauen diskriminiert werden, dass sie in so vielen Ländern nicht reden dürfen, keinen Zugang zu Land oder Krediten haben und unglaubliche Gewalt erfahren.

Findet diese Unterstützung für Frauen auch beruflich ihren Niederschlag?

Das mache ich mir zur Aufgabe. Wir kommen nur voran, wenn die Frauen sich gegenseitig stärken. Ich habe jetzt mit neunundvierzig Jahren das Glück, auch Produzentin zu sein, und versuche dabei, Regisseurinnen zu unterstützen und möglichst viele Rollen an Frauen zu vergeben. Mir scheint, dass in Europa vierzig-, fünfzig- oder sechzigjährigen Schauspielerinnen viel mehr Rollen angeboten werden. In den USA ist das anders, und man muss selbst aktiv werden und ihnen Rollen schreiben. Man muss sich engagieren, selbstverständlich!

2015 haben Sie einen Riesenerfolg gefeiert, als sie in einem Londoner Theater die Wissenschaftlerin Rosalind Franklin in dem Stück Photograph 51 *verkörperten. Hat sich darin auch etwas von Ihrem eigenen Weg gezeigt?*

Es war die Möglichkeit, eine außergewöhnliche Forscherin in den Blick zu rücken, die eine entscheidende Rolle bei der Entdeckung der DNA gespielt hat, ohne dafür gewürdigt zu werden. Und darum war es eine Hommage an all die Wissenschaftlerinnen, die in einem chauvinistischen Umfeld benachteiligt sind und deren gewichtige Beiträge kaum beachtet wurden. Dass das Stück noch dazu von einer jungen, talentierten, recht unbekannten Frau, Anna Ziegler, geschrieben wurde, hat mir natürlich gefallen. Und ich habe viel an meinen Vater gedacht, den Biochemiker, der mir fehlt und den ich oft hinter seinem Mikroskop gesehen habe.

Wie sehen Sie sich in zwanzig oder dreißig Jahren?

Mit langen weißen Haaren und lauter Enkelkindern. Zufrieden, dass ich finanziell zur Überwindung von Krebs beigetragen habe. Und entschlossen, weiter für UN Women zu arbeiten. Zu dieser Sache würde ich wirklich gern einen echten Beitrag geleistet haben.

Anne Hidalgo

Als ich Anne Hidalgo im Januar 2016 in ihrem geräumigen Büro im Pariser Rathaus treffe (155 Quadratmeter, das größte der Republik, wie es heißt), steht die erste Frau an der Spitze der französischen Hauptstadt noch ganz unter dem Eindruck der Attentate, die Paris 2015 überschattet haben. Sie redet seither noch mehr Klartext im Sinne ihrer Überzeugungen und tritt noch selbstbewusster auf, was ihre Anhänger überwältigt und ihre Kritiker rasend macht.

Ich wäre nicht die, die ich heute bin, wenn …

Wenn meine Eltern, die vor dem Franco-Regime in Spanien geflohen waren, nicht mit der Überzeugung nach Frankreich immigriert wären, dass die Zukunft ihrer beiden Töchter von der Bildung abhängt und ihnen eines Tages alle Türen offenstehen. Vorausgesetzt natürlich, sie arbeiten dafür. Diesbezüglich gab es keine Kompromisse. Für meinen Vater als Sohn eines spanischen Republikaners hatte dieses Land etwas Mythisches: Es war das Vaterland von Victor Hugo und das Land der Bildung schlechthin. Er hatte die Schule schon sehr früh beenden und in den Werften von Cadix arbeiten müssen. Meine Mutter war Schneiderin. Das Leben in Spanien war extrem hart. Sie sind mit einem Ideal nach Frankreich gegangen und träumten von der perfekten Integration. Unsere Familie hatte nicht viel Geld, häufig war es sogar ziemlich knapp, aber es ging fröhlich zu, liebevoll und vor allem hoffnungsvoll: »Du kannst alles machen, was du willst, wenn du selbst Mittel und Wege findest.« Das war der Ausgangspunkt für alles.

Das verleiht Flügel!
Ja. Und ich habe mein Leben immer sehr frei gestaltet. Es ging nicht um die Frage, ob man abgestempelt oder in eine Schublade gesteckt wurde. Ich kämpfte instinktiv gegen den Determinismus an, den ich ahnte. Ich war immer davon überzeugt, dass ich das tun würde, wozu ich Lust hätte.

Und hatten Sie einen großen Traum, als Sie ganz jung waren?
Viele! Zuerst Abenteuerträume. Denn mein Vater erzählte mir von den Reisen, die er als ganz junger Mann auf den Tankern der spanischen Handelsmarine gemacht hatte, auf denen er anheuerte. Ich verbrachte Stunden damit, in einem alten Atlas aus den Dreißigerjahren zu blättern und über den Weltkarten vor mich hin zu träumen. Und ich wollte Sängerin, Tänzerin, Schafhirtin werden. Mir fielen lauter tolle Sachen ein, und ich zweifelte nicht einen Augenblick daran, dass alles möglich wäre. Wenn man nichts hat, abgesehen von einer glücklichen Familiensituation, steht einem alles offen.

Wann haben Sie sich dafür entschieden, sich politisch zu engagieren?
Durch meine Familiengeschichte habe ich den Eindruck, schon immer engagiert gewesen zu sein: Mein Großvater

hat gegen Franco gekämpft, mein Vater war Gewerkschafter, ein überzeugter Linker. Aber mein eigenes Engagement fußt in der Arbeitswelt. Denn in dem Arbeitermilieu, aus dem ich stamme, sprachen die Erwachsenen – Eltern, Onkel, Freunde – von nichts anderem: von ihrer Arbeit, und was damit zusammenhing. Und das faszinierte mich. Als ich dann Jura studierte, habe ich mich schnell für Arbeitsrecht entschieden. Dann kam die Gewerbeaufsicht, eine Behörde mit einem strikten Auswahlverfahren, wo ich sehr jung aufgenommen wurde. Ich wollte mich unbedingt einbringen. Dieser Bereich faszinierte mich, schließlich war ich aktive Gewerkschafterin und Mitglied einer Arbeitsrechtsvereinigung. Damals hatte ich keinerlei Ambitionen, bei den Sozialisten aktiv zu werden.

Genau das haben Sie aber 1994 getan.

Ja, nach dem katastrophalen Wahlergebnis bei den Parlamentswahlen 1993. Da habe ich mir gesagt: Man macht es sich zu leicht, wenn man nur kritisiert, ohne selbst etwas zu tun. Na los! Wag den Sprung ins kalte Wasser! Ich hatte nicht im Geringsten vor, eine politische Karriere zu machen, mich interessierten die sozialen Fragen. Aber nach dem Sieg von Lionel Jospin 1997 ergab eins das andere. Ich war Mitglied im Arbeitsministerium unter Martine Aubry, habe unter anderem im Ausschuss für Beschäftigung und für Frauen gesessen. Und dann hat die Quotenregelung mein Interesse für die Kommunalwahlen geweckt. Ich stand als Erste auf der Liste des fünfzehnten Arrondissements, und Bertrand Delanoë, der 2001 gewählt wurde, ernannte mich zu seiner ersten Stellvertreterin. So war das. Ich dachte nicht im Entferntesten daran, seine Nachfolgerin zu werden. Ganz im Gegenteil!

Im Gegenteil?

Zwischen 2001 und 2004 habe ich mich jeden Morgen gefragt: Was machst du hier eigentlich? Warum schlägst du dich mit diesen Verwaltungskämpfen herum, mit diesen Rivalitäten, dem unerträglichen Chauvinismus? Wenn das Politik ist, ganz ehrlich, dann ohne mich! Denn obwohl ich zwanzig Jahre Arbeitsleben auf dem Buckel hatte und meinen Beruf ganz legitim ausübte, betrachteten mich manche, die schon lange selbst auf ihre Chance warteten, wie ein UFO und taten so, als existiere ich gar nicht. Und dann hat Bertrand mich gebeten, zu überlegen. »Eine Frau im Pariser Rathaus, das kann politisch eine Riesenchance sein. Paris, das ist dein Schicksal!« Und tatsächlich … Ich habe daran gearbeitet und etwas aufgebaut.

Ihre erste große Probe als Pariser Bürgermeisterin war zweifellos das Attentat auf Charlie Hebdo. *Welche Erinnerungen haben sie an diesen schrecklichen 7. Januar 2015?*

Die Patronenhülsen auf dem Boden und die ernsten Blicke, als ich unten am Charlie-Gebäude ankomme, ohne zu wissen, was genau passiert ist. Das deutlich gezeichnete Gesicht des Staatsanwalts François Molins, der aus dem Haus kommt. Die Tränen von Patrick Pelloux, der sich an François Hollande festhält und sagt: »Charb ist tot!« Und dann das Theater, in dem die Familien und Überlebenden empfangen werden und wo mir, als ich Véronique Cabut sehe, klar wird, dass eine ganze Welt verloren gegangen ist. Ich muss sehr schnell die Vorsitzenden aller politischen Gruppen zusammenbringen, denn ich möchte, dass wir im Namen der Pariser Abgeordneten unsere Meinung sagen, über Parteigrenzen hinweg, und dass wir die richtigen Worte fin-

den, um über unsere Stadt zu sprechen. Das ist von großer
Bedeutung.

*Wird Ihnen da nicht schwindelig angesichts dieser persönlichen
Herausforderung? »Ich wollte diesen Posten, ich muss dem ge-
wachsen sein, dies ist die Stunde der Wahrheit?«*
Es ist nicht meine Stunde der Wahrheit, es geht nicht um
mich in diesem Augenblick. Mit dieser Art von Gedanken
gebe ich mich nicht ab. Ich bin hundertprozentig in meiner
Rolle als Bürgermeisterin von Paris und bleibe da, wo ich hin-
gehöre, es gibt so viel zu tun. Auch im Moment der höchs-
ten Anspannung vor dem Hypercacher, als die Familien der
Geiseln sich zusammendrängen und wir auf die Erstürmung warten. Sich um die Schulen in der Umgebung kümmern; in die Krippe nebenan gehen und die Leiterin und
die Kinder beruhigen; die Kommunikation mit der Polizei-
präfektur regeln; die eintreffenden Prominenten besänfti-
gen; den Fernsehsender BFM anrufen und sagen: schalten
Sie sofort die Kameras ab, oder ich gebe keine Ruhe, wenn
es Tote gibt, weil der Terrorist ihre Live-Bilder sieht. Und
so weiter, und so weiter. Das ist wirklich nicht der Augenblick, um sich grundlegende Fragen zu stellen. Eine Stadt
ist ein empfindlicher, lebendiger Organismus. Und wenn
Sie die Bürgermeisterin dieser Stadt sind, wenn Sie die Stadt
selbst in sich spüren, dann müssen Sie ihrer Intuition vertrauen.

*Am 13. November, zehn Monate später, erlebt Paris erneut
einen Albtraum.*
Als ich gegen 22.45 Uhr in der Nähe des Bataclan ankomme, hat die Erstürmung noch nicht begonnen, aber

man weiß bereits, dass es mehrere Dutzend Tote gibt. Manchen gelingt es, zu entwischen, sie bluten, sind verstört. Das Gebiet ist nicht abgesichert, die Rettungskräfte haben noch keinen Zugang, sodass die Polizisten und Feuerwehrleute Tote und Verletzte auf Absperrgittern und Bauzäunen heraustragen. Die Hauseingänge sind offen, dort werden die Leichen abgelegt. Ich sehe Menschen, die sterben. Ich rufe Patrick Pelloux beim Rettungsdienst an, damit er noch mehr Krankenwagen schickt. Dann entsteht eine Panik. Vielleicht ist ein Terrorist auf dem Dach. Die Straße muss evakuiert werden, und wir rennen los, um uns in einen Hauseingang zu flüchten. Rundherum weinen alle, es ist entsetzlich. Und in den Gesichtern dieser jungen Leute sehe ich unsere Kinder …

Gibt es einen Moment, in dem Sie sich nicht mehr handlungsfähig fühlen?
Man darf denjenigen, die uns töten wollten, nicht den Sieg überlassen. Man muss Verantwortung übernehmen, die Tränen unterdrücken, ganz und gar in dem Moment sein, um die anstehenden Entscheidungen zu treffen. Auf allen elektronischen Schildern in der Stadt dazu aufrufen, zu Hause zu bleiben. Und dann, später, als der Ausnahmezustand verhängt ist, ankündigen, dass am nächsten Tag alle Schulen und öffentlichen Einrichtungen geschlossen bleiben. Es müssen geeignete Orte für die psychologische Betreuung gefunden werden, im Hôtel-Dieu und im Rathaus des elften Arrondissements. Die RATP muss angerufen werden, um Nachtbusse einzusetzen. Die Taxiunternehmen müssen informiert werden. Eine Krisensitzung für den nächsten Tag muss einberufen werden …

Wann sind Sie nach Hause gekommen?
Gegen fünf Uhr. Aber ich konnte nicht schlafen.

Sie gehören zu denjenigen, die die Psychiater »Beteiligte« nennen, die dieses traumatisierende Ereignis sehr nah miterlebt haben. Brauchten Sie Hilfe?
Ich habe sie nicht in Anspruch genommen. Ich hätte gekonnt. Denn es gab sehr einschneidende Szenen, und ich werde diese Orte nie wieder so sehen können wie vorher. Unmöglich.

Gibt es Dinge, die man über sich selbst lernt, wenn man ein Ereignis von derartiger Gewalt erlebt?
Sicherlich reift man daran. Und dann führt diese plötzliche und so brutale Konfrontation mit dem Tod dazu, dass man manches ändert. Auf jeden Fall möchte ich mich gern in meiner Funktion als Bürgermeisterin dem Wesentlichen widmen, mich nicht in äußerlichen und repräsentativen Dingen verlieren. Die Zerbrechlichkeit des Lebens – und der Stadt – springt einem entgegen. Alles kann von einem Moment auf den nächsten kippen. Darum muss man die Dinge von Grund auf tun, in angemessener, authentischer Weise. Niemals aus Kalkül, Bequemlichkeit oder Demagogie. Ich neige dazu, Klartext zu reden. Und das hat mich darin noch bestärkt. Und darin, mir zusätzliche Freiheiten zu nehmen, um einen klaren Blick auf die Dinge zu werfen. Die Politik auf nationaler Ebene erscheint mir jetzt noch unerträglicher. Mit ihren Eliten, die alle aus derselben Ecke kommen, und ihren Schulen für politisches Marketing, denen die Umfragen heilig sind. Es ist höchste Zeit, die politische Klasse zu erneuern!

145

»Werde, der du bist« ... Hat die Machtausübung Ihre Selbst-
sicherheit »offenbart« und gestärkt?

Nein. Ich habe dazugelernt, selbstverständlich. Aber ich
war schon immer selbstbewusst. Ich habe mich nie als
schwach empfunden. Und heute weniger als je zuvor.

Marianne Faithfull

Marianne Faithfull – Tochter eines britischen Offiziers und einer österreichischen Aristokratin, Ikone des Swinging London der Sechziger, Muse der Stones – hat sich in Paris niedergelassen. Endgültig. Sie ist müde vom Reisen, gezeichnet von Drogen und Exzessen, lädiert und bärbeißig. Eine Überlebende. Stolz, den Kampf ihres Lebens gewonnen zu haben, clean zu sein. Begierig danach, zu schreiben und wieder auf der Bühne zu stehen, inmitten von Rockfans. Und sei es am Stock.

Ich wäre nicht die, die ich heute bin, wenn …
Wenn Mick Jagger und Keith Richards nicht *As Tears Go By* für mich komponiert hätten, als ich erst siebzehn war. Es ist das allererste Lied, das sie zusammen geschrieben haben. Das war 1964 und der Anfang des großen Abenteuers, das darauf folgte.

Was machten Sie damals?
Ich war gerade mit der Schule fertig, einem religiösen Pensionat, und hatte verschiedene Möglichkeiten, die sich mir boten: ein Studium der englischen Literatur, Philosophie und vergleichenden Religionswissenschaft an der Universität, ein Schauspielkurs oder eine Musikhochschule.

Denn ich hatte ein hübsches Stimmchen. Eine Stimme à la Mozart. Ich hatte mich noch nicht entschieden, aber ich war ehrgeizig. Na ja, und dann war dieses Lied unglaublich erfolgreich, und auf einmal stand mein ganzes Leben Kopf. Plötzlich war ich mittendrin in dem Milieu.

Waren Sie nicht vorher schon für dieses künstlerische Milieu bestimmt?
Im Kloster hatte ich Musik- und Gesangsunterricht gehabt. Und meine Mutter hatte mir das Tanzen beigebracht. Sie war Tänzerin im Wiener Corps de Ballet bei Max Reinhardt gewesen, bevor Herr Hitler alles kaputtmachte, denn meine Großmutter war Jüdin. Aber das ist eine andere Geschichte. Eine Geschichte, die mein Erbe ist und die ich eines Tages in einem Buch erzählen werde.

Aber das erklärt noch nicht, warum eine Gymnasiastin und Schülerin eines sehr strengen katholischen Pensionats in Berkshire von einem Tag auf den anderen bei den Rolling Stones landet.
Ich war auf einer Party, auf der Andrew Oldham, der Manager der Rolling Stones, auf mich aufmerksam geworden ist. Er hat mir sofort vorgeschlagen, eine Platte zu machen und mein Produzent zu werden, und ein paar Tage später hat er Mick und Keith zusammengesetzt, damit sie mir dieses Lied schrieben. So einfach war das. Ich bin Popsängerin geworden ohne Konzept, ohne Vorbild, ohne Erfahrung. Ich habe völlig improvisiert und mich ganz unbefangen meiner Kreativität bedient.

Und Sie haben sich in die Stones verliebt.
Oh nein! Ich war in John Dunbar verliebt, der in Cam-

bridge Kunst studierte und den ich mit achtzehn Jahren geheiratet habe, bevor mein Sohn Nicholas geboren wurde. Er war der perfekte Mann für mich, davon bin ich überzeugt. Und wir hätten ein sehr schönes Leben zusammen führen können, wenn ... Mick Jagger nicht aufgekreuzt wäre und mich um jeden Preis hätte haben wollen. Ich habe nicht recht verstanden, was mir da geschah. Ich war so jung, wissen Sie! Ich glaube, ich war geschmeichelt.

Und fühlten sich doch auch zu ihm hingezogen?
Nein, nicht wirklich. Zumindest noch nicht. Ich habe mich erst später in Mick verliebt. Am Anfang hat mich, glaube ich, der Glamour angezogen. Das ganze Drumherum. Natürlich war er sehr charmant, sehr sexy und so weiter. Aber lassen wir das! Das ist nicht gerade mein Lieblingsthema. Ich bin schon seit dreiundfünfzig Jahren im Geschäft, und meine Zeit mit Mick hat nur vier gedauert.

Eine entscheidende Zeit aufs Ganze gesehen?
Ach was! Mir wird immer sein Stempel aufgedrückt, aber ich hätte es auch ohne ihn geschafft! Und ich hätte Erfolg gehabt, egal womit, da bin ich sicher. Ich war intelligent, und da war etwas sehr Starkes in mir. Er war nicht das einzige Glück, das ich im Leben hatte, ansonsten wäre ich gar nicht mehr da.

Diese vier Jahre waren allerdings von Drogen und einem fürchterlichen Absturz geprägt, von dem Sie sich erst zwanzig Jahre später erholt haben.
Das stimmt. Damals nahmen alle Drogen, auch Mick, ohne zu wissen, wie gefährlich das war. Ich hatte keineswegs

die Absicht, mich zu zerstören, und ich dachte, dass ich da wieder rauskäme. Wir waren viele, die so dachten. Aber als ich mit den harten Drogen angefangen habe, ist die Falle zugeschnappt. Plötzlich sah ich keinen Ausweg mehr. Die Sechziger- und Siebzigerjahre waren sehr hart.

Seltsamerweise haben Sie einmal gesagt: »Ich denke, ich wäre tot, wenn ich kein Heroin genommen hätte.« Obwohl es Sie doch fast das Leben gekostet hätte!

Der Ursprung liegt in meiner schwierigen Kindheit. Aber ich kann Ihnen nicht mehr dazu sagen, weil ich selbst erst nach und nach verstehe, was passiert ist. Drogen wirken wie ein Antiseptikum, mit dem man Schlimmeres verhindert. Den Selbstmord zum Beispiel. Im Grunde war ich lange wie ein trockenes Blatt, das vom Wind hin und her gepustet wurde. Bis ich gesagt habe: Stopp, jetzt reicht es mit dem Chaos. Und bis ich beschlossen habe: Ich bin kein Opfer, ich und nur ich bin diejenige, die mein Schicksal bestimmt. Diese Entscheidung hat mein Leben verändert. Das war 1985, als ich eine Entgiftung in der Hazelden-Klinik in Minnesota gemacht habe. Mit einem besonders sanften, aber wirkungsvollen Entzug. Und ich bin clean geworden. Ich bin wieder auf die Beine gekommen. Ich habe meine wahre Stimme entdeckt, die ganz anders ist als die der Siebzehnjährigen, geprägt von dem Leben, das ich geführt habe, und ich habe mich voll und ganz in die Arbeit gestürzt. Ich wusste, dass ich Erfolg haben würde.

War es eine Hilfe bei dieser Entscheidung, dass Sie einen Sohn haben?

Oh! Nicholas, den ich mit neunzehn Jahren bekommen

habe, ist auf jeden Fall das Schönste in meinem Leben. Der beste Sohn für mich. Aber wissen Sie, ich bin keine gute Mutter. Der arme Mick, der viele Kinder haben wollte, konnte auch nichts daran ändern: Ich hatte beschlossen, dass ich meine genetische Pflicht bereits erfüllt hatte, und wollte keine Kinder mehr. Mir reichte es. Jerry Hall, eine wirklich nette Frau, war genau die Richtige dafür.

Haben Ihre Eltern Sie in diesen beiden schwierigen Jahrzehnten in irgendeiner Weise unterstützt?

Sie haben sich getrennt, als ich sechs Jahre alt war, und nach meiner Trennung von Mick habe ich mit Nicholas wieder bei meiner Mutter gelebt. Aber sie hatte kein Verständnis für das, was ich tat. Sie ist 1904 geboren und hätte es verstanden, wenn ich Opernsängerin geworden wäre. Aber eine Popsängerin! Sie fand es entsetzlich, wie ich lebte.

Und Ihr Vater?

Er mochte meine Stimme in den ersten Jahren sehr und die Anklänge an die Folkmusik. Er war deutlich toleranter. Aber all die Drogengeschichten, von denen die Presse berichtete, haben ihn ungeheuer verletzt.

Und als Sie clean waren?

Also, das war schwer für meine Mutter, die selbst sehr viel getrunken hat. Sie bedauerte, dass ich nicht mehr mit ihr trinken konnte – der Klassiker. Sie sagte so was wie: Du warst viel lustiger, als du noch getrunken hast! Mein Vater hingegen, der nie viel getrunken hatte, hat damals auch einfach aufgehört. Er war ein super Typ.

Haben sie Sie auf der Bühne gesehen?
Meine Mutter ist irgendwann schließlich gekommen, ja.
Und sie war stolz. Vielleicht hat sie mich am Ende verstanden. Aber was großartig ist, das ist dieser Brief von meinem Vater, von Major Faithfull, nachdem er mein erstes Buch bekommen hatte. Schauen Sie, ich habe ihn eingerahmt!

»Meine liebste Marianne … Ich danke Dir für Dein Buch, das ich heute erhalten habe. Die Lektüre ist für jeden interessant, aber ganz besonders für mich.«
Mein Gott, ich fange gleich an zu weinen. Lesen Sie lieber selbst.

Er schreibt von der »Hochzeit in Kriegszeiten zwischen zwei schwierigen Menschen, aus der Du hervorgegangen bist« und schließt: »Ich bin stolz, nicht nur auf Deine Karriere und die vielen Erfolge, sondern dass es Dir gelungen ist, so ein großartiger und reifer Mensch zu werden.«
Es ist wunderschön, so einen Brief von seinem Vater zu bekommen. Er steht immer vor mir auf dem Schreibtisch.

Wie haben Sie damals reagiert, als man Sie lange als die Muse der Stones bezeichnet hat und nicht als eigenständige Musikerin?
Ich habe versucht, mich nicht aufzuregen, wenn ich diesen Blödsinn gelesen habe. Muse ist der schlimmste Job der Welt! Ich selbst wusste sehr wohl, dass ich deutlich mehr tat als andere zu inspirieren. Aber ich habe nie etwas gesagt. Mich gegen diesen Sexismus aufzulehnen, hätte nichts gebracht. Frauen haben es immer schwerer, ernst genommen zu werden. Alles ist schwieriger für sie. Die Bücher von Ger-

maine Greer haben mir das bestätigt. Vielleicht hätte man mich anders wahrgenommen, wenn ich ein Instrument gespielt hätte. Aber ich habe hart an meinen Liedern gearbeitet, und es hat Jahre gedauert, bis man mich als bedeutende Künstlerin anerkannt hat.

Sie haben also nach 1985 wieder angefangen zu schreiben?
Ich habe niemals aufgehört. Man kann ja durchaus kreativ sein, wenn man berauscht ist! Es ist sogar schwieriger, wenn man es nicht ist. Sagen wir, man muss dann noch mehr arbeiten. Aber Tatsache ist, dass ich die schönsten Lieder geschrieben habe, nachdem ich clean war. Und ich mache weiter. Ich schreibe die ganze Zeit. Seitenweise. Es ist, als würde ich Funken auf dem Papier sprühen. Und wenn ich merke, dass die Lieder sich ein wenig zu sehr ähneln, mache ich eine Pause. Ich warte ab. Bis neue Ideen auftauchen.

Was hat Sie in letzter Zeit inspiriert?
Die Ereignisse vom November 2015 in Paris und das Massaker an all diesen jungen Menschen haben mich zu einem Lied inspiriert. Es heißt *They Come at Night*. Ich werde es zum ersten Mal bei der Wiedereröffnung des Bataclan singen und hinterher aufnehmen.

Sie waren also in Paris in der schrecklichen Nacht des 13. November?
Ja. Ich war zu Hause, mit Alltagsdingen beschäftigt. Ich hatte mir etwas zu essen gemacht, mich ins Bett gelegt und gelesen. Ich habe erst am nächsten Tag erfahren, was passiert ist, und völlig unter Schock das Lied geschrieben. Was

hätte ich sonst tun sollen? Es braucht Zeit, bis das Trauma der Attentate sich verflüchtigt. Manche Leute behaupten, die Nazis kommen alle siebzig Jahre wieder. Davon bin auch ich überzeugt. Wir erleben gerade, wie die schrecklichen Dämonen wieder auferstehen. Seien es Islamisten oder Radikale und Extremisten jeglicher Couleur, die die Werte und Ideale von Ländern wie den USA oder Israel entstellen.

Und Frankreich?
Ich bin Sozialistin.

Es ist sehr selten, dass Engländer sich als solche bezeichnen.
Aber ich bin keine Engländerin! Meine Mutter war österreichisch-ungarisch, mein Vater walisisch. In meinen Adern fließt also kein englisches Blut, selbst wenn ich in England aufgewachsen bin. Und ich könnte niemals mehr dort leben. Zu viele schlechte Erinnerungen. Aber ich habe meinen Sohn dort, seine Frau und meine Enkelkinder, die ich liebe, aber ich finde es besser, wenn sie mich in Paris besuchen. Und das tun sie gern. Ich habe auch noch eine Zweitwohnung in Irland. Im Grunde fühle ich mich zutiefst europäisch und als Weltbürgerin, auch wenn meine Gesundheit mir inzwischen verordnet, sesshaft zu sein.

Was verbindet Sie mit dem Judentum?
Aufgrund meiner Vorfahren bin ich nur zu einem Viertel jüdisch. Aber da die Mutter meiner Mutter Jüdin war, gelte ich der jüdischen Tradition zufolge als jüdisch. Ich fühle mich nicht so, obwohl ich durchaus stolz auf diese verschüttete Seite in mir bin. Ich denke, dass sie meinem Talent

dient. Es ist ja so: Die meisten der besonders herausragenden Menschen sind Juden, wie der Komponist Kurt Weill, den ich sehr verehre.

Was ist für Sie Ihr schönster Erfolg?
Abgesehen von meinem Sohn? Clean zu werden! Das war eine verdammte Leistung. Der größte Kampf meines Lebens. Und ich musste mich auch vom Blick der anderen freimachen. Zur Hölle mit ihnen!

Sie sind heute eine Rock-Ikone.
Pfui! Ich bin eine aktive Künstlerin. Nicht mehr und nicht weniger. Ich bin fast siebzig Jahre alt und behindert. Mein Rücken ist kaputtgegangen, dann eine Hüfte, dann die andere, dann ein Fuß. Ich habe eine Knochenentzündung bekommen und deswegen mit dem Tod gerungen. Ich bin ziemlich ruiniert. Aber ich tue etwas dagegen. Und ich arbeite. Ich habe großes Glück, am Leben zu sein. Und ich liebe es noch immer, auf der Bühne zu stehen.

Gehen Sie sorgsam mit Ihrer Stimme um?
Ich habe immer Angst, sie zu verlieren. Eigentlich müsste ich mit dem Rauchen aufhören. Aber ich arbeite an meiner Willensstärke. Ich habe mich zum Beispiel mit dem Begriff der Vergebung beschäftigt, mit dem ich immer große Schwierigkeiten hatte. Ich meditiere, und ich nehme nach wie vor an einer Selbsthilfegruppe mit Alkoholikern und Abhängigen teil. Das hilft mir sehr.

Bereuen Sie etwas?
Dass ich nicht nett zu meiner Mutter war.

Haben Sie Angst vor etwas?

Vor der Trauer. Ich komme in ein Alter, in dem viele geliebte Menschen sterben werden.

Was kann einem dabei Mut machen?

Auf jeden Fall nicht die Hoffnung auf ein Leben nach dem Tod. Eins reicht voll und ganz! Ich bin überhaupt nicht religiös. Für mich sind die Religionen das größte Übel der Welt. Aber ich glaube an Gott. Ich hätte den Drogen nicht den Rücken kehren und mich von ihnen befreien können, wenn ich nicht an eine Kraft geglaubt hätte, die stärker ist als ich. Ich musste Demut lernen.

Vanessa Redgrave

Tennessee Williams nannte sie »die beste Schauspielerin unserer Zeit«, und noch immer steht Vanessa Redgrave mit den großen Shakespeare-Rollen auf den Bühnen der britischen Theater. So gewährt sie mir auch zwischen zwei Proben zu Richard III. *Audienz für ein kurzes Interview. Auch mit ihren achtzig Jahren und der grazilen Gestalt ist sie, ganz im Sinne der legendären Pasionaria, in Flüchtlingslagern vor Ort und erhebt ihre Stimme, um die Verletzung der Menschenrechte anzuprangern.*

Ich wäre nicht die, die ich heute bin, wenn ...

Einen solchen Satz kann ich unmöglich fortsetzen. So denke ich nicht, und ich mag keine Spekulationen. Wie soll man das wissen? Vielleicht hat jemand zu einem bestimmten Zeitpunkt eine Rolle im Leben gespielt, ein anderer eine bestimmte Situation gerettet ...

Sie gehören zu einer renommierten Schauspielerfamilie. Ihre Geburt wurde von Laurence Olivier auf einer Londoner Theaterbühne verkündet, als er zusammen mit Ihrem Vater, Michael Redgrave, Hamlet *spielte: »Meine Damen und Herren, heute Abend wurde eine große Schauspielerin geboren.« Worte wie diese beeinflussen ein Leben doch bestimmt!*

161

Ich denke schon. Meine Familie und das künstlerische Umfeld haben selbstverständlich zu meiner Berufswahl beigetragen. Trotzdem kommt mir dabei der Krieg in den Sinn. Denn ich bin vor allem ein Kriegskind. Das hat meinen Werdegang am meisten bestimmt. Das hat dazu geführt, dass ich mein Leben lang von dem Gedanken besessen war, all diese Schrecken dürfen nie wieder geschehen, und versucht habe, dazu beizutragen.

Sie waren erst drei Jahre alt, als der Krieg anfing …
Und acht Jahre, als er zu Ende war. Ich versichere Ihnen, das prägt einen zutiefst für das ganze Leben. Der Krieg in England war nicht vergleichbar mit dem, was im besetzten Frankreich passierte, wo Gräueltaten von deutschen Nazis verübt wurden, aber auch von französischen Nazis, von Faschisten. Eine jüdische Freundin hat in einem Buch erzählt, wie sie von der französischen Polizei geschnappt und mit ihrer Mutter ins Vél d'Hiv gebracht wurde. Und ich wollte sie 1993 unbedingt zu einer Konferenz in Deutschland einladen, die ich organisiert habe, als gerade eine Welle der Gewalt gegen türkische Familien das Land erschütterte. Das Thema hieß: »Nie wieder!« – sechzig Jahre nach Hitlers Machtergreifung. Ich denke, die Rückbesinnung auf die Geschichte ist jetzt, wo die Flüchtlinge in Europa so schlecht behandelt werden, notwendig wie nie zuvor. Aber auch ich selbst habe persönliche Erinnerungen an den Krieg. England wurde von Anfang an bombardiert. Und diese ersten Bombenangriffe 1940 haben viele Familien dazu gezwungen, aus London zu fliehen. Ich wurde also schon bald aufs Land zu meinen Cousins gebracht. Und ich habe Coventry in Flammen gesehen, der Himmel war rot, feuerrot.

Haben Sie diese Bilder noch vor Augen?

Aber ja! Ich wusste ganz genau, dass sich da etwas Schreckliches ereignete. Und das ist ein Trauma geworden, was ich aber erst bei einem Auftrag für UNICEF in Sarajevo begriffen habe, wo ich mit Kinderpsychologen zusammengearbeitet habe. Da habe ich mir gesagt, das ist also die Erklärung für so viele Albträume, die ich all die Jahre über gehabt habe. Ich sah, wie das Feuer näher kam, noch näher, noch ein bisschen näher ... das machte mir fürchterliche Angst. Und ich erinnere mich an das Gefühl, als ich im Dezember 1948 im Radio die Allgemeine Erklärung der Menschenrechte hörte. Da war ich elf Jahre alt, und mich trieb die Frage um »Kann sich all das eines Tages wiederholen?«, und ich habe verstanden, dass diejenigen, die diesen Text aufgesetzt hatten, ihn genau deshalb geschrieben hatten, damit das von nun an unmöglich wäre.

Sie haben sich also schon sehr früh mit dem Weltgeschehen auseinandergesetzt ...

Ja, das Bewusstsein von der Welt war sehr früh da. Wir wussten, dass es sich um einen »Weltkrieg« handelte. Dass die Männer aus der Familie in der Royal Navy waren und irgendwo auf einem Ozean kämpften. Ein Onkel, der Bruder meiner Mutter, wurde übrigens auf dem Pazifik getötet. Jeden Abend hörten wir würdevoll die Nachrichten im Radio, insbesondere den Wetterbericht der BBC: »Attention all shipping!« Anschließend folgte eine ganze Litanei exotischer Namen, Längen- und Breitengrade. Selbstverständlich durften die Männer auf dem Meer ihren Familien nicht den geringsten Hinweis über ihren Standort mitteilen, damit keine Informationen an den Feind gelangen konnten. Aber wir lauschten in andächtiger Stille und versuchten zu erahnen, ob es eher gute oder schlechte Vorzeichen waren. Ganz England verfolgte diese Wetterberichte. Und jeder verspürte die Pflicht, etwas für das Land zu tun. Auch wir Kinder träumten davon zu helfen.

Aber was konnte ein vierjähriges Kind denn schon ausrichten?
Viereinhalb! Ich konnte noch nicht schreiben, aber ich konnte lesen. Und im Haus meines Cousins gab es auch einen sechsjährigen Jungen, der ebenfalls geflohen war. Seine Eltern waren Professoren in Oxford, und er liebte das Theater. Er hatte sich ein winziges Theater gebastelt und Minifiguren aus Karton ausgeschnitten, mit denen er spielte. Ich fand das großartig. Ich hatte damals noch nicht begriffen, dass meine Eltern Schauspieler waren. Sie hatten mich nur einmal zwischen zwei Bombenangriffen in London mitgenommen, damit ich meinen Vater auf der Bühne sehen konnte. Kurzum, dieser Junge hat ein Stück geschrieben, und ich war seine Schauspielerin. Die Geschichte spielte auf einer einsamen Insel, ich trug ein langes Kleid und eine Handtasche. Und ich musste einen entsetzlich langen Monolog aufsagen. Da wurde mein Erinnerungsvermögen zum ersten Mal auf die Probe gestellt! Im Publikum saßen ungefähr zwölf Personen, die einen halben Penny Eintrittsgeld zahlen mussten, darauf war ein Schiff abgebildet. Denn wir wollten unsere Einnahmen der Handelsmarine spenden, die Großbritannien trotz der feindlichen U-Boote versorgte.

Ihr Beitrag zur Kriegsanstrengung also!
Die Erwachsenen taten ihr Bestes, das Ganze herunterzuspielen. Wenn wir während der ersten Bombenangriffe auf

London in den Keller hinunterstiegen, sang meine Mutter mit meinem kleinen schlafenden Bruder auf dem Arm Melodien aus ihren Theaterstücken. Aber Kinder spüren alles und wollen sich ständig nützlich machen. Wie viele italienische Straßenkinder wären noch am Leben, wenn sie nicht den Widerstandskämpfern geholfen hätten? Und wie viele Kinder auf den aktuellen Flüchtlingsrouten tun alles, was sie nur können, um ihren Eltern zu helfen?

Ihr Interesse an Politik geht also auf diese intensiv erlebten Augenblicke zurück?

Sie haben mir ein Verständnis von der Welt vermittelt und davon, was es heißt, sich zu engagieren. Aber von diesem Geist war das ganze Umfeld meiner Eltern geprägt. Die beste Freundin meiner Mutter zum Beispiel, die Schauspielerin Peggy Ashcroft, setzte sich dafür ein, dass geflüchtete jüdische Künstler Visa bekamen, Maler, Musiker, Schauspieler. Das war bis Ende 1938 leider nahezu unmöglich. Kollegen und Freunde hatten sich zusammengetan, um Gelder für Flüchtlinge und Krankenhäuser zu mobilisieren. Natürlich waren sie alle während des Krieges vom FBI und vom KGB registriert. Und hinterher folgten die Strafen.

Die Politik hat ihr gesamtes Leben als Schauspielerin begleitet. Erinnern Sie sich, wann Sie sich zum ersten Mal für etwas engagiert haben?

1956. Ich war Studentin im zweiten Jahr an der Schauspielschule, als es zum Ungarischen Volksaufstand kam. Ich habe sofort in einem Flüchtlingszentrum geholfen anstatt zur Schule zu gehen. Von Stunde zu Stunde verfolgten wir, was in Budapest passierte, jeden Tag wurden Treffen einberufen.

Und das letzte Mal?

Wie könnte man an einem so entscheidenden Datum wie dem des Brexit-Referendums schweigen! Niemand in Großbritannien kann die europäische Regierung leiden, das ist Tatsache. Aus den unterschiedlichsten Gründen. Aber meine Güte, wie kann man seine Wahl ausschließlich persönlich motivieren oder sich dabei auf Politiker verlassen, die lügen und die wichtigsten Themen ausgeklammert haben? Wie kann man einer demagogischen, von Parolen und Personen besessenen Presse vertrauen, die auf die Angst vor Ausländern setzt? Die ganze Debatte war schief. Das Einzige, was mir wirklich wichtig war, waren die Menschenrechte. Und ich weiß, dass wir fürchterlich zurückgeworfen werden, wenn wir Europa verlassen.

Sie schlüpfen auf der Bühne des Almeida Theatre jeden Abend in die Haut von Königin Margaret in Richard III. *von Shakespeare. Und trotzdem gibt es keinen Tag, an dem Sie das Weltgeschehen nicht verfolgen?*

Nicht in Bezug auf die Menschenrechte. Ich arbeite gerade an einem Dokumentarfilm über Flüchtlinge, der als Requiem für die Kinder gedacht ist, die bei ihrer Suche nach Asyl gestorben sind. Diese Sache treibt mich ständig um, und ich setze mich dafür ein. Ich bin nach Athen gefahren, um mir die Flüchtlingscamps anzusehen. Ärzte ohne Grenzen macht dort eine sagenhafte Arbeit, ebenso wie viele andere kleine Organisationen. Aber es macht mich fassungslos, dass der Hohe Flüchtlingskommissar der Vereinten Nationen, der in großem Umfang eingreifen kann, über keinerlei Mittel mehr verfügt. Ebenso bin ich empört angesichts des Abkommens zwischen Brüssel und der Türkei, die Migranten zurückzuweisen. Sie haben Europas Werte mit Füßen getreten und die Regel Nummer eins der Genfer Flüchtlingskonvention verletzt! Merkel ist die Einzige, die sich von Anfang an angemessen und mutig verhalten hat. Wegen ihrer dunklen Vergangenheit mussten die Deutschen das Recht auf Asyl in ihre Verfassung aufnehmen, und Merkel ist eine Frau mit Grundsätzen. Welch ein Gegensatz zu Großbritannien, wo die Finanzierung der wichtigsten Organisation, die mit der Koordination der Flüchtlingsaufnahme betraut ist, um sechzig Prozent gekürzt wurde. Es sind ganz kleine Vereine, die stellenweise vor Ort aktiv sind. Aber das ist noch schwieriger als während der Nazizeit.

Sind Sie der Ansicht, dass die Künstler wegen ihrer Bekanntheit verpflichtet sind, sich einzumischen?

Nein, ich habe keinen moralischen Ansatz. Aber ich weiß, dass die Leute immer bereit sind zu helfen, wenn man sich ganz direkt an sie wendet.

Haben Sie jemals überlegt, Ihren Beruf als Schauspielerin für Ihr humanitäres oder politisches Engagement aufzugeben?

Ich habe im Laufe meines Lebens mehrmals mit dem Gedanken gespielt. Aber als ich einem Regisseur davon erzählt habe, den ich damals wahnsinnig schätzte, hat er mir geantwortet:»Gib diesen Beruf nicht auf. Du hast eine Begabung dafür. Es wäre eine Sünde, sie nicht zu nutzen.« Er hat tatsächlich von»Sünde«gesprochen. Was blieb mir also anderes übrig?

Delphine Horvilleur

Sie ist eine von drei Rabbinerinnen in Frankreich. Mit ihrem außergewöhnlichen Wesen und Einfluss bietet die verheiratete Mutter von drei kleinen Kindern der jahrhundertealten männlichen Herrschaft die Stirn. Als Autorin und Referentin spricht sie sich für die Öffnung und den Dialog der Religionen aus und kämpft dafür, dass diese die Rolle der Frau neu überdenken. Sie ist eine Hoffnungsträgerin.

Ich wäre nicht die, die ich heute bin, wenn …
Wenn ich nicht auch anderes im Leben kennengelernt hätte. Wenn ich nicht den Ort meiner Kindheit verlassen und meinen Kurs oft gewechselt, in Israel und später in den USA gelebt, Medizin und anschließend Journalismus studiert hätte. Ein chassidischer Satz besagt, man solle niemals jemanden nach dem Weg fragen, der ihn kennt, sonst würde man sich womöglich nicht verirren. Es heißt auch, erst wenn man seinen Nachbarn besucht, versteht man sich selbst. Und das habe auch ich so erlebt. Ich musste erst sehr weit weggehen, in jeder Hinsicht, um meine Identität zu erkunden, zu hinterfragen, einen neuen Blick darauf zu werfen. Auf meine jüdische Identität.

War das ein Thema seit Ihrer Kindheit?
Ein ganz entscheidendes. Denn ich bin mit zwei gegensätzlichen Familiengeschichten aufgewachsen. Auf der Seite meiner Großeltern väterlicherseits, die aus Elsass-Lothringen stammen, ist die jüdisch-französische Identität traditionell überliefert. Mein Großvater hatte eine Ausbildung zum Rabbiner gemacht, war aber Schulleiter. Die Familie war zutiefst republikanisch, sehr verbunden mit der Idee des Laizismus und der Geschichte Frankreichs und all den Gerechten dankbar, die sich während des Zweiten Weltkriegs selbst in Gefahr gebracht hatten, um sie zu retten. Darum war das Nicht-Jüdische, das quasi den Retter verkörperte, ein Narrativ, um sich in diesem Land zu verwurzeln und dem anderen zu vertrauen.

Auf der mütterlichen Seite war es genau das Gegenteil. Meine Großeltern, die aus den Karpaten stammten, hatten die Konzentrationslager überlebt, in denen beide ihre Ehepartner und Kinder verloren hatten. Sie waren durch Zufall nach Frankreich gekommen und hatten die Kraft gefunden, dort gemeinsam eine Familie zu gründen. Aber sie trugen das Narrativ vollkommener Entwurzelung in sich, entsetzlicher Trauer und der Unmöglichkeit, dem zu vertrauen, der ihre Liebsten umgebracht hatte. Zwischen diesen beiden unvereinbaren Geschichten musste ich als junger Mensch manövrieren. Als Erbin zweier Welten.

Vertrauen oder Misstrauen ... Haben Sie in der Familie darüber gesprochen, für welche Haltung man sich entscheiden solle?
Nein. Da herrschte Schweigen. Zumindest bei meinen Großeltern mütterlicherseits. Es war gar keine Ablehnung.

Es war einfach unmöglich. Ich erinnere mich, dass man sie immer weckte, wenn man bei ihnen aufkreuzte. Sie schliefen wie die Murmeltiere. Sicherlich auch wegen der Medikamente. Sie hatten überlebt, waren traumatisiert. Sie hatten eine Familie auf Grabsteinen gegründet. Oder vielmehr auf fehlenden Grabsteinen. Und ich musste als Kind stets die Leerstellen ihrer Geschichte füllen. Und ich stellte mir vor, dass etwas zwischen uns passierte, trotz ihrer Unfähigkeit, die Dinge auszusprechen, und obwohl wir keine gemeinsame Sprache hatten, denn sie redeten nur Jiddisch. Ich bin übrigens verblüfft über die Verbindung zu meinem heutigen Beruf, denn die Vorstellung, den Text zum Sprechen zu bringen, ist ja der Kern rabbinischer Exegese.

Was für ein Kind waren Sie?

Ich war ein mystisches kleines Mädchen, voller Fragen über den Sinn des Lebens und Transzendenz. Ein bisschen esoterisch sogar, weil ich davon überzeugt war, telepathische Fähigkeiten in Bezug auf meine schweigsamen Großeltern zu haben, wohingegen meine Familie wissenschaftlich, rational orientiert war. Mein Vater war Arzt. Und ich war besessen von dem Tabu der Shoah. Ich erinnere mich, wie ich Bücher aus der Bibliothek meiner Eltern stibitzte und die Werke von Elie Wiesel mit der Taschenlampe unter der Bettdecke las. Da gab es etwas, dem ich heimlich nachgehen musste.

Ich ging regelmäßig in die Synagoge, aber mich störte schon sehr früh die Kluft zwischen den Werten, die innerhalb der Familie vermittelt wurden, insbesondere die totale Gleichheit zwischen Mädchen und Jungen, und dem offiziellen religiösen Diskurs. Ich lehnte mich gegen die Regeln auf. Aber ich verstand, dass ich lernen musste, mit all diesen Unvereinbarkeiten zu leben. Das ist natürlich schwer, aber es ist das Interessanteste im Leben überhaupt.

Brücken zu bauen zwischen gegensätzlichen Welten und Gedanken?

Ganz genau. Ich habe vor Kurzem einen Vortrag an der hebräischen Universität in Israel gehalten. Und als hinterher Fragen gestellt wurden, wollte ein Student von mir wissen: »Wie können Sie gleichzeitig Rabbi und Feministin sein?« Dann: »Wie konnten Sie Journalistin sein und sich gleichzeitig für die Exegese interessieren?« Und schließlich: »Denken Sie, dass ein Staat gleichzeitig jüdisch und demokratisch sein kann?« An dem Punkt habe ich stopp gesagt. Ist Ihnen klar, dass Sie immer dieselbe Frage stellen? Wie kann man gleichzeitig hier und dort sein? In der einen und der anderen Welt zu Hause sein? Eine bestimmte Überzeugung mit einer anderen Einstellung in Verbindung bringen? Aber genau das ist doch das Faszinierende im Leben! In mehreren Welten zu Hause zu sein, mehrere Sprachen zu sprechen, Verbindungen zu knüpfen zwischen Sphären, die sich nicht immer vereinbaren lassen. Die Vielschichtigkeit und die Durchlässigkeit sind es, die mich anregen und beflügeln. Zu wissen, dass ich ganz Unterschiedliches in mir trage. Und dass es ein Nebeneinander von Glaube und Zweifel geben kann. Wir leben leider in einer Zeit von Mauern, Grenzen, Gewissheiten, voneinander abgeschotteten Welten. Und man bläut den jungen Menschen ein, sie könnten nur in einer Welt leben. Das ist falsch!

Wie haben Sie Ihren Weg gefunden?

Ich bin 1992 nach dem Abitur nach Israel gegangen. Ich

hatte das Gefühl, ich würde dort eine Antwort auf meine Identitätsfragen finden. Ich würde jüdisch sein in einem Land mit jüdischem Kalender, in dem man Hebräisch sprach … Eine »Standardisierung der Identität« in gewisser Weise. Aber als ich meinem Großvater väterlicherseits erzählte, dass ich dort Medizin studieren wollte, schwieg er eine ganze Weile, bevor er sagte: »Seltsam, ich hätte mir anderes für dich vorgestellt …«

Und hat Sie das verunsichert?

Es hat mich gekränkt! Ich hatte den Eindruck, dass er meine Mädchenträume mit Füßen trat. Vor allem, weil er mir nicht sagte, was er sich für mich vorgestellt hatte. Trotzdem war seine Überlegung im Nachhinein der größte Segen. Und in vielen Lebensumständen, in denen ich gezweifelt, meinen Kurs gewechselt, das Ruder herumgerissen habe, ist mir sein Satz wieder in den Sinn gekommen, als eröffne er mir eine Alternative. Die Erlaubnis, von den ausgetretenen Pfaden abzuweichen und mir anderes für mich vorzustellen. Ich durfte alles!

Sie sind trotzdem nach Israel gegangen.

Ja. Das Land befand sich damals mitten im Friedensprozess, ich war politisch sehr engagiert, optimistisch und begeistert, überzeugt davon, dass die Verträge von Oslo Erfolg haben würden. Und dann brach 1995 mit der Ermordung von Premierminister Jitzchak Rabin alles zusammen. Ich war völlig niedergeschmettert. Die Attentate nahmen zu. Jede Woche explodierte ein Bus der Linie 18, mit der ich zur Universität fuhr. Und Benjamin Netanjahu kam an die Macht. Dass die Religion den Fundamentalismus und die politische Gewalt so hatte nähren können, hat mich grundsätzlich an meinem Engagement zweifeln lassen. Etwas an diesem Land entzog sich meinem Verständnis. So bin ich 1997 nach Frankreich zurückgegangen, um erst einmal aufzuatmen.

Das war der erste Kurswechsel.
Das war eine Phase, in der ich sehr auf der Suche nach mir selbst war. Und da das Schreiben in meinem Leben ohnehin einen wichtigen Platz einnahm, habe ich mich dem Journalismus zugewandt. Ich habe eine Schule absolviert und spannende Praktika gemacht, unter anderem in Israel während der zweiten Intifada. Außerdem bin ich ein paar Monate in den Libanon gegangen, um Arabisch zu lernen. Ich probierte alles Mögliche aus, um Erfahrungen in den unterschiedlichsten Bereichen zu sammeln. Damals habe ich entdeckt, was für eine Lebensenergie in einem schöpferischen, fruchtbaren Gedanken aus dem Talmud steckt. Ich musste mich unbedingt wieder intensiv mit der jüdischen Gedankenwelt befassen.

Während meine Kollegen von France 2 abends zu ihrem Tanz- oder Yogakurs loszogen, flitzte ich zu meinen Talmud-Kursen. Es erschien mir so dringlich, dass es existenziell wurde. Damals bin ich auf eine Hürde gestoßen, die zu einem weiteren Kurswechsel in meinem Leben geführt hat: mein Geschlecht! Die meisten Studienzentren für rabbinische Exegese in Paris, an die ich mich wandte, nahmen keine Frauen auf. Ich war bestürzt. Das beweist, dass Gelehrsamkeit von Frauen in den Religionen nach wie vor als äußerst subversiv gilt. Eine Frau, die denkt, die Zugang zu Wissen hat, hat potenziell auch Zugang zur Macht. Das ist eine politische Frage. Also lässt man sie nicht an die Texte heran ...

Mit welcher offiziellen Begründung?
Mit einer völlig scheinheiligen Rechtfertigung. Man erklärt, die Frau sei geistig bereits so gebildet, dass das nicht nötig sei. Und sie hat doch außerdem lauter andere wunderbare geheiligte Dinge zu tun, zum Beispiel Leben zu schenken! Es ist in allen Religionen dasselbe: Man beweihräuchert das Weibliche, um die Frau besser in der Rolle der Ehefrau und Mutter einsperren zu können. Und ich bin verzweifelt darüber, dass die Zwanzigjährigen heute solche Äußerungen übernehmen.

Wie haben Sie die Hürde umgangen?
Indem ich nach New York gegangen bin. Und indem ich dort ein anderes Judentum kennengelernt habe: ein liberales religiöses Denken, das modern, offen und kreativ ist und Männer und Frauen gleich behandelt. Im Gegensatz zum konservativen Denken, das in Frankreich vorherrscht. Auf einmal war es möglich, als junge Frau den Talmud zu studieren, sich in ein liberales Bild einzufügen und sogar in Betracht zu ziehen, Rabbinerin zu werden. Ja! Plötzlich konnte ich zum ersten Mal in Worte fassen, worauf ich Lust hatte. »Rabbi!« Ein Wort, das ich in Frankreich nie hätte aussprechen können. Aber in New York fügten sich alle Puzzlesteine zusammen, und ich begriff, dass das mein Weg war.

Rabbi werden – um was zu tun?
Um zu lehren und etwas weiterzugeben. Denn ich mag es ungeheuer, mich in eine Beziehung mit dem Text und in

die Auseinandersetzung damit zu begeben, in den ständigen Austausch. Und andere an allen wichtigen Punkten im Lebenskreislauf zu begleiten: Geburt, Hochzeit, Krankheit, Tod. Die Rolle der Geistlichen.

Ist das ein Beruf? Eine Mission? Ein heiliges Amt?
Ich weiß nicht, welches der richtige Begriff ist. Auf jeden Fall nicht heiliges Amt, denn im Judentum gibt es kein Dogma, und der Rabbi legt keinerlei Gelübde ab. Ein Beruf, zweifellos, aber einer, den man nicht an der Tür abgibt und der nicht mit Büroschluss endet. Eine Funktion, aber ohne genaue Definition. Manche Rabbis sind vor allem Geistliche und Begleiter. Andere sind Intellektuelle, die sich weiter dem Studium widmen. Meine Leidenschaft liegt in der ständigen Befragung des Textes, der nicht aufhört zu sprechen und eben das auf immer neue Weise tun muss durch die Stimme der nachkommenden Generationen.

Ein Text von unschätzbarem Wert also, weil er die Wahrheit in sich birgt?
Nein! Er führt uns, er richtet uns auf, er lässt uns über uns hinauswachsen. Er regt zu Fragen an, ohne unbedingt Antworten zu liefern, aber indem er uns reifer werden lässt. Und ich mag es, dass die Menschlichkeit sich darin spiegelt, weil jede Generation eine andere Interpretation hinzugefügt hat. Dabei geht es nicht um Wahrheit oder irgendein Dogma. Auch ich als Rabbinerin weiß nicht, woran ich glaube! Was zählt, ist das Handeln. Und das Ritual, das weitergegeben wird und als Stütze dient, um über die Vielschichtigkeit der Welt nachzudenken.

Hat es Sie gereizt, als Rabbinerin in New York zu bleiben?
Ich hätte bleiben können. Aber die wahre Herausforderung bestand darin, hierher zurückzukommen, in das Land, in dem das Konsistorium, das als repräsentatives Organ der Juden in Frankreich gilt, keine Frauen als Rabbiner anerkennt. Der MJLF, die Liberale jüdische Bewegung Frankreichs, hat mich aufgenommen, und ich habe eine große Synagoge im 15. Arrondissement übernommen. Das war 2008, als ich im achten Monat schwanger war. Ich erinnere mich, wie ich damals jemand aus dem Konsistorium traf, der zu mir sagte: »Einen guten Einstieg. Und alles Gute für die Geburt, schließlich ist es doch das, was zählt, im Leben einer Frau!« Sehen Sie, wie ausgeprägt die Frauenfeindlichkeit ist? Die Frau wird immer auf ihre Gebärmutter reduziert. Welcome back to France!

Heute gibt es drei Rabbinerinnen in Frankreich.
Ja, und etliche weitere machen die Ausbildung. In meiner Synagoge sind Männer und Frauen gemischt, und inzwischen ist das selbstverständlich. Es kommt sogar vor, dass kleine Jungen zu mir kommen und sagen, eigentlich würden sie gern Rabbi werden, aber das ginge ja nicht, weil es ein Beruf für Mädchen sei!

Stärkt das Rabbinat die Verbindung zu Ihren Großeltern?
Wenn ich lese, wenn ich bete, habe ich tatsächlich den Eindruck, mich im Dialog mit den vorherigen Generationen zu befinden. Aber ein Erbe bleibt nur dann lebendig, wenn man sich seiner bemächtigt, um es zu verwandeln. Und ich fühle mich dann am meisten als Erbin der jüdischen Tradition und meiner Familie, wenn ich andere Texte

lese als die von ihnen überlieferten. Ich wünsche meinen Kindern dieselbe Freiheit. Wenn man Kinder im Judentum segnet, legt man die Hände mit starkem Druck auf ihren Kopf. Diese Geste scheint zunächst Folgendes zu bedeuten: »Bleib hier.« Aber tatsächlich besagt sie genau das Gegenteil: »Nimm genügend auf von dem, was ich dir weitergebe, um weit wegzugehen.« Und man flüstert ihnen ins Ohr: »Mögest du sein wie die Figur aus der Bibel, deren Name bedeutet: ›Vergiss und trage Früchte.‹« Um zu segeln, muss ein Schiff den Anker lichten, wenn die richtige Menge Ladung an Bord ist. Und ich habe den Eindruck, dass ich mit meiner Arbeit als Rabbinerin und Mutter für das Beladen zuständig bin.

Geht es auch darum, einen Kompass mit auf den Weg zu geben?
In erster Linie geht es um das Beladen. Denn es gibt nichts Schlimmeres im Leben, als ohne Gepäck zu reisen. Ohne etwas, das einem übertragen wurde. Es gibt so etwas wie eine unerträgliche Leichtigkeit des Seins. Manchmal kommen die Menschen zu mir, und es quält sie, dass ihre Eltern ihnen im Namen der Freiheit nichts haben vorschreiben wollen und ihnen keinerlei religiöse Tradition vermittelt haben. Ihr Schiff ist nicht beladen genug, sie sind nicht seetüchtig. Und da liegt das Paradox: Man muss genügend angeboten bekommen, genügend Ladung haben, um Fahrt aufnehmen zu können, im Sinne von Derridas »untreuer Treue«.

Denken Sie, dass Sie dieses Paradox verkörpern?
Meine Großeltern haben ein sehr starkes Judentum an mich weitergegeben, aber ebenso eine Geschichte, die ein

Scherbenhaufen ist, eine Geschichte, über die man weinen und schreien muss. Und ich erinnere mich noch ganz deutlich an den Tag, an dem ich mir als Jugendliche sagte, mein eigenes Judentum soll kein Judentum des Todes sein. Das Erbe von Auschwitz war definitiv ein Teil von mir, aber ich war es mir schuldig, dieses Erbe dem Leben zu verschreiben.

Was macht Ihnen am meisten Freude bei Ihrer Arbeit?

Einmal im Monat lade ich alle Kinder zwischen zwei und sechs Jahren in meine Synagoge zu einem kindgerechten Sabbat-Gottesdienst mit Musikern und Marionetten ein. Wie ein Theaterstück. Sie kommen mit ihren Eltern und Großeltern, aber sie erobern die Synagoge mit ihrem schönen Radau. Der Grundgedanke des lebendigen Judentums! Natürlich beten wir, aber wir nähren sie auch mit Fröhlichkeit und Intensität, was identitätsstiftend im jüdischen Sinne ist. Sie stellen Fragen, sie hinterfragen die Geschichten, sie sind mutig. Das ist verheißungsvoll im Hinblick auf das Leben und eine Erneuerung. Meine beiden jüngeren Töchter sind auch dabei. Und es ist lustig: Als jemand die jüngste, die damals vier Jahre alt war, nach dem Beruf ihrer Mama fragte, hat sie geantwortet: Sängerin!

Shirin Ebadi

Der Friedensnobelpreis, der ihr 2003 verliehen wurde, war eine wunderbare Überraschung für die iranische Anwältin, aber er erwies sich schnell als unheilvoll. Das Mullah-Regime gab seitdem keine Ruhe und machte sie mundtot, indem es ihre Karriere und ihre Ehe ruinierte, ihren Besitz beschlagnahmte und ihr nahestehende Menschen ins Gefängnis steckte. Sie hat nicht klein beigegeben. Und kämpft unermüdlich weiter für die Menschenrechte. Aus dem Exil.

Ich wäre nicht die, die ich heute bin, wenn …
Wenn ich nicht in eine sehr moderne muslimische iranische Familie hineingeboren wäre. Meine Eltern waren anderen gegenüber offen und tolerant. Durch sie habe ich gelernt, alle Religionen zu respektieren. Und sie haben mich auch den Feminismus gelehrt, indem sie keinerlei Unterschied machten zwischen meinem Bruder und den drei Mädchen der Familie. Es war von großer Bedeutung, dass wir alle eine gute Ausbildung erfuhren. Mein Vater war Richter. Auch ich bin Richterin geworden. Und meine Tochter wird es ebenfalls werden!

War das ein Traum, Richterin oder Staatsanwältin zu werden?
Als ich mit dem Jurastudium begann, konnte man als

Frau im Iran noch nicht Richterin werden. Aber sobald das entsprechende Gesetz erlassen war, habe ich alles darangesetzt. Ich habe die Prüfung für den Gerichtshof gemacht und wurde mit Auszeichnung angenommen, mit zweiundzwanzig Jahren. Dann war ich die erste Frau als Vorsitzende des Teheraner Stadtgerichtes. Mein Vater war sehr stolz auf mich.

Sie haben einmal gesagt, dass Sie davon geträumt haben, Justizministerin im Iran zu werden.
Ich glaube, ich habe schon immer, seit frühester Kindheit, den Wunsch gehabt, wahrgenommen zu werden.

Sie meinen bewundert?
Wahrgenommen durch meine Arbeit. Wie viele Leute um uns herum widmen ihr ganzes Leben ihrem Beruf, und dann gehen sie in Rente, ohne die Welt verändert zu haben. Das sollte mir nicht passieren. Ich wollte eine Spur hinterlassen. Meine jüngste Tochter, die gerade ihre Promotion an der Universität in London beendet hat, verspürt denselben Drang.

Die islamische Revolution von 1979 hat Ihrem Wunsch einen Strich durch die Rechnung gemacht, indem es den Frauen plötzlich das Recht absprach, Richterin zu werden.
Das war eine Katastrophe. Und ich wollte ihnen beweisen, dass sie Unrecht hatten. Ich habe wie eine Wahnsinnige gearbeitet, Artikel und Bücher geschrieben, Reden gehalten, drei Nichtregierungsorganisationen gegründet. Ich habe mich mit aller Kraft im Zentrum für Menschenrechte engagiert und als Anwältin, wobei ich hauptsächlich poli-

tische Gefangene verteidigt und mich für die Rechte von Frauen und Kindern eingesetzt habe. Und als ich 2003 den Friedensnobelpreis erhielt, habe ich mir gesagt, dass ich zumindest dieses Ziel erreicht hatte. Als der iranische Justizminister meine Rede in Oslo hörte, hat er meine Amtsenthebung mit Sicherheit bereut. Es gibt eine Wut, die nützlich ist, die man lernen muss, um die Dinge zum Besten zu lenken. Ich nenne sie heilige Wut.

Diese Wut entsprang nicht nur diesen durchkreuzten Ambitionen?

Sie entsprang der ganzen Reihe von Regeln, die das neue Regime eingeführt hatte und die zutiefst ungerecht für die Frauen waren. Stellen Sie sich vor, fünf Monate nach der Revolution, noch bevor über die Verfassung abgestimmt und eine Nationalversammlung gewählt war, hat der Revolutionsrat ein Gesetz verkündet, demzufolge ein Mann von da an vier Frauen heiraten konnte. Im Falle einer Scheidung verlor die Mutter das Sorgerecht für die Kinder. Ich habe sofort einen Artikel geschrieben, in dem ich die Mullahs fragte: »Habt Ihr die Revolution gemacht, um vier Frauen heiraten zu können?« Aber die diskriminierenden Maßnahmen gingen immer weiter. Es war keine islamische Revolution, sondern eine chauvinistische Revolution.

Haben Sie ein paar Beispiele für diese diskriminierenden Gesetze?

Unzählige! Das Leben einer Frau ist nur halb so viel wert wie das Leben eines Mannes. Wenn mein Bruder und ich auf der Straße angegriffen werden, ist die Entschädigungszahlung für das Leben meines Bruders doppelt so hoch wie die für meines. Ein Sohn erhält ein doppelt so hohes Erbe wie seine Schwester. In Rechtsangelegenheiten entspricht die Zeugenaussage eines Mannes der von zwei Frauen. Und in den meisten Fällen ist die Aussage einer Frau überhaupt nichts wert. Ich hätte noch viele weitere Beispiele!

Der Fall der kleinen Leila Fathi, um den Sie sich gekümmert haben, hat viele Reaktionen hervorgerufen.

Das elfjährige Mädchen war von drei Männern vergewaltigt worden, die es zusammengeschlagen hatten, bevor sie es in eine Schlucht warfen. Die drei Männer sind verhaftet worden, einer hat sich im Gefängnis erhängt, und die beiden anderen wurden wegen Vergewaltigung und Mord schuldig gesprochen und somit zum Tode verurteilt. Aber da das Leben eines Mannes, selbst wenn er ein Vergewaltiger oder ein Mörder ist, dem Gesetz zufolge zweimal so viel wert ist wie das seines weiblichen Opfers, steht ihm eine Entschädigung zu. Und so wurde die Familie von Leila dazu verurteilt, die Familie ihrer Mörder zu entschädigen. Und da sie, selbst nachdem sie ihren gesamten Besitz verkauft hatte, nicht dazu in der Lage war, wurden die Mörder wieder freigelassen. Ich habe alles dafür getan, um diesen Fall publik zu machen, und versucht, den Frauen begreiflich zu machen, dass man sie um ihre Rechte gebracht hatte, eines nach dem anderen. Das war ihnen überhaupt nicht bewusst.

Es geht dabei um die Scharia …

Um eine völlig falsche Interpretation der Scharia unter dem Patriarchat. Es gibt dreißig muslimische Länder auf der Welt. Und nur drei oder vier wenden sie auf diese Weise an.

Hat Ihr Nobelpreis den Frauen mehr Rechte eingebracht?
Sie haben mich zu Hunderten am Flughafen empfangen, nachdem ich den Nobelpreis bekommen hatte! Und die Aktivistinnen haben darin sofort eine Anerkennung ihres Kampfes und eine Unterstützung der ganzen restlichen Welt gesehen. Im Juni 2006 wurde eine Demonstration von Frauen gegen die diskriminierenden Gesetze gewaltsam niedergeschlagen. Das hat eine riesige Kampagne angekurbelt – »Eine Million Unterschriften« –, um das ganze Land für diese Fragen zu sensibilisieren. Die Machthaber haben daraufhin Angst bekommen und die Verhaftung von zahlreichen Aktivistinnen angeordnet wegen »Verschwörung gegen die nationale Sicherheit«. Ich habe mehrere von ihnen als Anwältin vertreten und den lächerlichen Anklagepunkt in der Gerichtsverhandlung entkräftet: »Können Sie mir erklären, womit eine Frau, die nicht akzeptiert, dass ihr Mann eine zweite Frau heiratet, den Staat Israel zum Angriff des Irans bringen sollte?« Am Ende wurden sie wegen »Landfriedensbruchs« verurteilt, aber zumindest hat die Debatte über die Rechte der Frauen auf nationaler Ebene Bedeutung erlangt. Alles hat seinen Preis, wenn es sein muss, das Gefängnis. Ein Volk, das den Preis für die Freiheit nicht bezahlen will, ist dazu verdammt, Despoten zu ertragen.

Für Sie selbst zog sich die Schlinge immer enger. Bedrohungen und Belästigungen hörten nach dem Friedensnobelpreis gar nicht mehr auf.
Das hatte schon vorher begonnen! Ich war bereits drei Wochen im Gefängnis gewesen, war abgehört worden und hatte meinen Namen schwarz auf weiß auf einer Liste mit Leuten gelesen, die umgebracht werden sollten. Aber je mehr

meine Stimme in der Welt gehört wurde, desto feindseliger wurde die Regierung mir gegenüber. Die Bedrohungen häuften sich. Auf meiner Haustür stand: »Hören Sie auf, den Iran zu verleumden! Es ist ein Leichtes für uns, Sie zu töten.« Mit der Post kam: »Wenn Sie weitermachen, kümmern wir uns um Sie und Ihre Tochter Nargess.« Oder mitten in der Nacht am Telefon: »Achtung! Wir verlieren die Geduld!« Die Überwachung nahm zu, der Druck wurde immer stärker, meine Mitarbeiter wurden belästigt. Spitzel kamen in meine Kanzlei und warnten mich, dass die Feinde des Regimes sich meine Kritik zunutze machten. Ich antwortete ihnen, dass ich nur die Wahrheit sage. 2009 stürmten etwa hundert Männer mein Büro und schrien: »Bringt sie um, die amerikanische Söldnerin!« Die Polizei, die ich gerufen hatte, beobachtete das Ganze nur. Und beschlagnahmte die Kamera eines Nachbarn, der die Szene gefilmt hatte. Auch meine Tochter und mein Mann mussten lauter Schikanen über sich ergehen lassen. Aber ich weigerte mich, mich zu ängstigen. Jeder ist für sein eigenes Leben verantwortlich. Und ich tat, was meine Pflicht war.

Während 2009 die Wahlen stattfanden, die vom Ahmadineschad-Clan manipuliert wurden, nahmen Sie gerade an einer Konferenz auf Mallorca teil. Was haben Sie empfunden, als man Ihnen riet, nicht in den Iran zurückzukehren?

Ich habe innerlich gekocht, aber ich war davon überzeugt, dass es nicht lange dauern würde. Und die Kollegen, die noch nicht inhaftiert waren, baten mich, die Vereinten Nationen über die Tatsachen zu unterrichten. Dann lehnte sich die Bevölkerung auf, Kollegen und Freunde von mir wurden verhaftet. Ich war nützlicher außerhalb des Irans.

Dann gestand ihr Mann Ihnen am Telefon, dass er Sie betrogen und unter Erpressung des Regimes im iranischen Fernsehen als amerikanischen Spitzel denunziert hat.

Was soll ich sagen? Dass ich wütend war? Mein Mann war vor allem ein Opfer, und meine Wut richtete sich gegen die iranische Regierung. Eine Regierung, die eine Frau ins Gefängnis stecken kann, weil sie den Islam bedroht, indem sie ihre Haare zeigt, aber die gleichzeitig eine Prostituierte benutzt, um einen Mann in die Falle zu locken, die Szene filmt und ihn hinterher zwingt, seine Ehefrau öffentlich zu denunzieren. Ist das der Islam?

Ihr Nobelpreis hat Ihr Leben gesprengt!

Ich habe meinen Beruf verloren, meinen Mann, meinen Besitz. Das Zentrum, das ich gegründet hatte, ist unter den Hammer gekommen. Und ich sitze mit neunundsechzig Jahren in London, in einem fremden Land mit einer Kultur und einer Sprache, die ich nicht kenne. Ich verbringe zehn Monate im Jahr mit Reisen durch die ganze Welt, ich wohne quasi im Flugzeug. Mein Leben ist zerstört. Aber ich werde nicht von dem Weg abweichen, den ich eingeschlagen habe, und ich empfinde keine Schuld denen gegenüber, die mir nahestehen. Nicht ich habe sie misshandelt, sondern die Regierung. Und das ist nicht die Schuld des Nobelpreises. Eine meiner besten Freundinnen und Mitarbeiterinnen sitzt im Moment eine zweiundzwanzigjährige Gefängnisstrafe ab, auch ohne Nobelpreis!

Keine Verbitterung?

Ich schaue nach vorn und konzentriere mich auf die Arbeit, die es noch zu tun gilt. Meine heilige Wut gibt mir

Energie. Und ich habe große Hoffnung, weil die iranische Gesellschaft sich entwickelt. Unter der Haut der Stadt, um einen Filmtitel aufzugreifen, passiert ganz viel. 1980 hatte ich den Eindruck, ganz allein zu sein, aber heute gibt es viele Feministinnen im Iran. Und wenn es ein Referendum gäbe, würden neunzig Prozent der Bevölkerung für eine laizistische Demokratie stimmen.

Ist Ihre Tochter bereit, Ihre Nachfolge anzutreten?

Ja. Und sie haben durchaus Anlass, sie zu fürchten, denn sie ist noch aktiver als ich.

Brigitte Bardot

Ein Mythos. Und zweifellos die bekannteste Französin der Welt. Auf La Garrigue, ihrem kleinen Bauernhof in Saint-Tropez oberhalb des Anwesens La Madrague, empfängt sie mich anlässlich des Erscheinens ihres Buches Tränen des Kampfes, *das sie selbst als ihr »Testament« bezeichnet. Im großen Kamin knistert ein Feuer, eine Katze schnurrt auf den Kissen davor. Die Hunde kommen und gehen, wie es ihnen gefällt. Die Hausherrin, die aus Trauer um all die geschlachteten Tiere ausschließlich Schwarz trägt, sieht blendend aus mit ihren locker hochgesteckten Haaren, ein paar Falten und den rabenschwarz geschminkten Augen. »Kaffee oder Champagner?« lautet die Frage zur Begrüßung.*

Ich wäre nicht die, die ich heute bin, wenn ...

Wenn mir nicht das Leid der Tiere auf der Erde bewusst geworden wäre und ich nicht von heute auf morgen dem Kino den Rücken gekehrt hätte, um mich um sie zu kümmern. Schluss mit der Oberflächlichkeit und der Heuchelei, die mich jahrelang so unglücklich gemacht hatte. Stop! Manche haben damals geglaubt, das wäre nur eine Laune, andere haben mich für verrückt erklärt. Mir war das schnurzegal. Meine Entscheidung war gefallen. Mit achtunddreißig Jahren habe ich einfach alles hinter mir gelassen für die Tiere. Und das war die beste Entscheidung meines Lebens.

Seit wann haben Sie eine so enge Bindung zu Tieren?
Ich glaube, schon immer. Ich fühle mich selbst wie ein Tier. Und ich lehne die Menschen ab. Sie haben mir schon immer Angst gemacht. Sie sind arrogant und blutrünstig und haben mich schon sehr leiden lassen. Ich war noch ganz klein, als ich mit großer Begeisterung den *Schneewittchen*-Film von Disney gesehen habe, und ich glaube, dass mich der Traum nie losgelassen hat, versteckt im Wald in einem kleinen Haus inmitten von lauter Tieren zu leben … Im Grunde ist das ein bisschen das, was ich heute mache.

Aber erinnern Sie sich an einen Schlüsselmoment? An einen Wendepunkt, der zu Ihrem zweiten Leben geführt hat?
Ja. Der letzte Film, den ich gedreht habe, hieß *L'histoire très bonne et très joyeuse de Colinot Trousse-Chemise*. Er spielte im Mittelalter, es gab Umzüge, Duelle, Reiterturniere auf dem Dorfplatz. Und unter den Statisten war auch eine alte Dame mit ihrer Ziege. Immer, wenn ich eine Pause hatte, bin ich zu ihnen gegangen in meinem mittelalterlichen Kleid mit den Unterröcken. Aber eines Tages sagt die Dame zu mir: »Hoffentlich ist der Film am Sonntag fertig. Da hat mein Enkel Kommunion, und wir machen ein großes Mechoui-Essen mit der Ziege.« Ich war entsetzt! Und habe die Ziege sofort gekauft. Ich habe sie in mein Vier-Sterne-Hotel mitgenommen, und sie hat in meinem Schlafzimmer geschlafen, sogar in meinem Bett, zusammen mit meiner kleinen Hündin. Da ist der Groschen gefallen. Ich hatte sie gerettet, aber nur sie. Es gab noch so

viele andere, die Schutz brauchten. Also sagte ich dem Filmgeschäft adieu.

Obwohl Sie es geliebt haben?
Nein! Nie! Es ist oberflächlich und nutzlos, sonst nichts. Alles daran ist falsch. Die Kulissen, die Szenen, die Gefühle und die meisten Leute. Ganz zu schweigen von der Nabelschau beim Film, die die Schauspieler glauben lässt, die ganze Welt dreht sich um sie. Ich hasse Personenkult. Mein Agent musste mir schon ordentlich in den Hintern treten, um mich zu irgendeiner Filmpremiere oder Cocktaileinladung zu kriegen. Das war der Horror für mich. Ich hatte schon allein Angst davor, nur ein Drehbuch zu lesen, und während der zwanzig Jahre, in denen ich einen Film nach dem anderen gedreht habe, hatte ich immer zu Beginn der Dreharbeiten ein flaues Gefühl im Magen und bekam Herpes. Immer mit demselben Gefühl von Leere.

Aber Sie haben trotzdem gute Begegnungen gehabt und schöne Augenblicke erlebt!
Natürlich habe ich als Künstlerin ganz besondere Erfahrungen gemacht. Und ich habe intensive Momente erlebt. Aber das war privat. Nie »offiziell«. Am Anfang hat man sich sehr über mich lustig gemacht! Es hieß, ich sei eine reizende Idiotin, dass ich schlecht sprechen und hundsmiserabel spielen würde. Wenn Sie wüssten, mit welcher Verachtung ich konfrontiert war, parallel übrigens zu grenzenloser Verehrung. Das hat mich verletzt. Das war ungerecht, und ich wollte zeigen, dass ich darüber stand und sie ebenso verachtete. Ich habe einen Lebensgrundsatz: Wenn man etwas macht, muss man es gut machen, und zwar bis zum Ende.

Das galt auch für den Film. Ich habe nichts Dilettantisches gemacht.

Und Sie hatten das Gefühl, dass man Sie nicht gebührend anerkannte?

Genau. Die Anerkennung kam erst später. Viel später! Natürlich war ich ein Star: gut bezahlt, umschwärmt, auf dem roten Teppich gefeiert, mit schicken Autos, Friseuren, Maskenbildnerinnen und dem ganzen Brimborium. Aber das war alles verlogen und verrückt. Und ich habe querbeet alles abbekommen – schäbiges Verhalten und maßlose Bewunderung, Lügen, Kränkungen, Beschimpfungen. Das war die Schattenseite des Lichts, das ständig auf mich fiel. Das Licht, um das mich manche beneideten und das mich beinahe umgebracht hat. Denn ich bin schnell zur Beute für Journalisten und Paparazzi geworden. Sie waren überall, sogar an meinen Fenstern klebten sie. Ich hatte keinen Zufluchtsort mehr. Das war schrecklich. Und es hat mir Angst gemacht. Schlimmer als eine lebenslange Freiheitsstrafe. Eine Treibjagd, wie auf ein Tier. Mit allem, was dazugehört: Stress, Angst, Abhängigkeit von Schlaftabletten. Keine Lebenslust mehr.

Sie zitieren oft Madame de Staël …

»Der Ruhm ist nur ein glänzendes Trauerkleid des Glücks.« Ja, niemand weiß, wie gefährlich und zerstörerisch es ist, berühmt zu sein. Es verzerrt die Liebe und hindert einen daran zu leben. Es ist ein Gift. Wie viele große Schauspielerinnen haben ein tragisches Ende gefunden? Als ich dem Film im Frühjahr 1973 den Rücken kehrte, habe ich gehofft, Frieden zu finden. Unmöglich. Das ist bald fünfundvierzig Jahre her, und ich kann mich noch immer nicht in ein Café setzen, einkaufen gehen oder am Hafen entlangschlendern. Es muss nur irgendein Idiot mit einem Handy aufkreuzen und schwupp, Foto! Das ertrage ich nicht mehr. Darum gehe ich nicht mehr aus, noch nicht einmal ins Restaurant, wohin mein Mann Bernard mich manchmal gern ausführen würde, auch wenn er mich so gut versteht. Ich will keine Leute sehen. Ich bin schon immer schüchtern gewesen.

Wirklich? Selbst als ganz junge Frau haben Sie den Eindruck vermittelt, Sie seien absolut selbstsicher.
Ich habe das auf mich genommen, um mich zu behaupten. Ich wollte lieber selbst bestimmen, als dass über mich bestimmt wurde. Aber ich war nie selbstsicher. Nie sicher zu gefallen. Als Kind war ich sogar davon überzeugt, sehr hässlich zu sein.

Tatsächlich! Auf den Fotos sieht man ein reizendes Kind!
Nein, ganz sicher. Zu einer bestimmten Zeit hatte ich eine Brille, eine Zahnspange, eine lächerliche Frisur, ich war wirklich plump. Ich erinnere mich, wie ich mich einmal lange im Spiegel begutachtet und mir gesagt habe: »Na gut, eigentlich wollte ich ja so gern schön sein, aber das hat nicht geklappt, ich bin hässlich, damit muss ich wohl leben.« Dieses Gefühl hat mich mein ganzes Leben lang verfolgt.

Hat der Blick Ihrer Eltern Sie nicht bestärkt?
Oh nein! Meine Eltern haben mein Selbstvertrauen nicht gestärkt. Ich merkte, dass sie nicht stolz auf mich waren, und

fühlte mich verlassen, einsam, war oft sogar verzweifelt. Wollen Sie eine Anekdote dazu hören, wie die Atmosphäre bei uns in der Familie war? Als ich einmal mit meiner Schwester lachend herumtobte, ist uns eine chinesische Porzellanvase heruntergefallen und kaputtgegangen. Meine Mutter war außer sich vor Wut. Sie hat beschlossen, dass wir von diesem Tag an »Sie« zu ihr und Papa sagen mussten, denn wir waren nicht mehr ihre Töchter, sondern Fremde. Das hat sofort gewirkt. Ein schrecklicher Zweifel hat mich ergriffen. Ich wusste nicht mehr, ob unser Haus noch mein Zuhause war und ob ich noch dort hingehörte oder nicht. Darum hatte ich, als ich älter war, das Bedürfnis, mir richtige, gemütliche Häuser zu kaufen, in denen ich mich endlich zu Hause fühlte. La Madrague, Bazoches, La Garrigue ...

Eine Kindheit voller Zweifel und mit großen Fragen ...

Tiefste Zweifel und endlose Fragen. Ich erinnere mich, wie ich Papa auf dem Weg zur Schule eines Tages fragte: »Warum lebe ich?« Er hat geantwortet: »Um mich glücklich zu machen.« Da war ich zehn Jahre alt, aber die Frage hat mich mein Leben lang verfolgt. Wer bin ich? Warum lebe ich? Was ist der Sinn meines Lebens? Ich weiß, früher habe ich Leichtfertigkeit verkörpert. Aber es hat mir keinen Spaß gemacht. Dahinter war nur Schwere. Die Tiere haben mich gerettet.

Gerettet wovor?

Ohne sie hätte ich mich umgebracht. Mein Leben gefiel mir nicht. Die gesellschaftlichen Verpflichtungen kamen mir grotesk und überflüssig vor. Das Leben ist unerträglich, wenn man kein Ziel vor Augen hat. Denn es ist ungerecht und grausam. Es den Tieren zu widmen, hat alles verändert. Sie haben mich nie enttäuscht. Sie schenken einem ihr Herz und ihr Vertrauen, ohne es zurückzufordern. Sie besitzen nichts als ihr Leben, und wenn man mit ihnen zusammen ist, konzentriert man sich auf das Wesentliche: auf die Liebe. Sie waren sofort ein Ziel für mich. Ein Antrieb. Ich war da, um sie zu verteidigen, und nicht, um mich auf einer Yacht oder am Strand auf den Seychellen mit einem Milliardär in der Sonne zu aalen.

Davon hat man schnell genug ...
Sehr schnell sogar. Und das ist keine Motivation, es ist kein Antrieb, um dem Leben die Stirn zu bieten. Die Tiere haben meinem Leben nicht nur einen Sinn gegeben, mit ihnen konnte ich auch gelassen alt werden. Ohne dass ich bei meinen Falten und meinem körperlichen Verfall in Panik ausbreche. Das ist mir egal. Meine Tiere stört es nicht, mich alt zu sehen.

Viele Schauspielerinnen lassen sich liften oder versuchen auf andere Weise, den Lauf der Zeit aufzuhalten und ihre Schönheit zu bewahren.
Ich finde das todtraurig. Ein Gesicht erzählt doch eine Geschichte. Man kann sich alles herausnehmen lassen, nur nicht Herz und Geist, in denen unser ganzes Leben steckt mit den Erfahrungen und allem, was wir durchgemacht haben. Ein faltenloses Gesicht steht doch im Gegensatz zu dem, was man im Innern trägt. Und das wirkt unecht. Die Jugend ist schön, weil sie echt ist. Falsche Jugend ist abscheulich.

Als Sie dem Film den Rücken gekehrt haben, war nicht gleich klar, welchen Weg genau Sie einschlagen würden bei Ihrem Einsatz für die Tiere. Was haben Sie zunächst gemacht?
Ich wusste gar nicht, wie das ging! Ich habe angefangen, verschiedene Praktika beim Französischen Tierschutzverein zu machen, Tierheime zu besuchen, möglichst viele Tiere zu retten, meine Bekanntheit in den Medien zu nutzen, um die skandalöse Situation der Tiere anzuprangern. Aber der Kampf mit der größten Symbolkraft war der für die Robbenbabys 1977. Da habe ich wirklich mein Leben riskiert. In vollem Bewusstsein. Ich hatte sogar ein Testament gemacht, mit zweiundvierzig Jahren, so viele Morddrohungen von Robbenjägern bekam ich damals. Ich bin nach Kanada geflogen und mit einem kleinen Flugzeug und einem Hubschrauber direkt vor Ort gewesen. Und wurde dort auf widerliche Weise empfangen. Man hat mich verhöhnt, lächerlich gemacht, beschimpft. Aber das Foto, auf dem ich im Packeis eine kleine weiße Robbe im Arm halte, die die Jäger suchten und lebendig zerlegen wollten, um ihr das Fell abzuziehen, ist um die Welt gegangen und hat meinen Kampf in den Köpfen verankert. Giscard d'Estaing hat den Import von Robbenfell in Frankreich verbieten lassen. Die Europäische Union ist dem 1983 gefolgt. Aber ich musste noch weitere dreißig Jahre kämpfen, bis die Einfuhr und der Handel mit Robbenprodukten durch eine europäische Verordnung verboten wurden. Das hat sich gelohnt, oder? Dadurch werden jedes Jahr 350 000 Leben gerettet.

Unglaublich, dass Marguerite Yourcenar Ihnen neun Jahre vor Ihrer Reise nach Kanada geschrieben und Sie gebeten hat, sich

mit Ihrer Bekanntheit gegen das Massaker an Robben und das
Tragen von Robbenfellkleidung einzusetzen!
Und ich wusste das nicht. Ihr Brief vom 24. Februar 1968
hat mich nie erreicht. Ist das nicht unfassbar?

Sie hat also geglaubt, dass Sie auf ihre Anregung hin ins Pack-
eis gefahren sind?
Ja! Sie dachte sogar, dass ich so lange gebraucht habe, um
zu reagieren. Aber mich verbindet eine wunderbare Geschichte mit Marguerite Yourcenar. Stellen Sie sich vor, als
sie 1980 in die Académie française berufen wurde, hat man
sie gefragt, wen sie gerne einmal treffen würde. »Brigitte
Bardot«, hat sie geantwortet. Also hat man mich in La
Madrague angerufen: »Marguerite Yourcenar möchte Sie
gern kennenlernen.« Ich kannte sie nicht und dachte, das
sei schon wieder eine von diesen blöden, extravaganten Figuren, vor denen ich immer auf der Flucht war, und ich
habe die Einladung nach Paris abgelehnt. Und dann, eine
Weile später, an einem stürmischen Winterabend, als ich
völlig verdreckt mit meinen Hunden von meinem kleinen
Bauernhof kam und auf dem Weg nach Hause nach La
Madrague war, rief mich mein Hausmeister an: »Hier ist
eine Dame am Eingangstor, die Sie gern sehen möchte.« Besuch? Bei diesem Regen und wo es schon so dunkel war?
Wer war das nur? »Sie hat gesagt: Madame Yourcenar.« Tja,
und dann haben wir einen fabelhaften Abend zusammen
verbracht. Sie war genauso durchnässt und dreckig wie ich,
ich habe sie hereingelassen, und wir haben uns schön vor
dem Kaminfeuer mit einem Schluck Champagner aufge-
wärmt. Und gar nicht wieder aufgehört zu reden, als würden wir uns schon immer kennen. Sie war unangekündigt

gekommen, damit ich nicht ablehnen konnte, sie zu sehen, und das war genau das Richtige.

Sind Sie in Kontakt geblieben?
Aber ja! Wir haben uns bis zu ihrem Tod geschrieben. Sie hatte mir gesagt, dass sie mir Bücher schicken würde, und dazugesagt:»Es gibt einige, die ziemlich öde sind! Aber ich suche ein paar richtig schöne für Sie aus, die Sie sicher gut verstehen. Lesen Sie auf keinen Fall *Ich zähmte die Wölfe. Die Erinnerungen des Kaisers Hadrian.* Das ist sehr kompliziert, das wird Ihnen nicht gefallen.« Das stimmt, wenn es zu intellektuell wird, langweile ich mich. Und sie ließ das ganz selbstverständlich gelten. Sie hat mir ihre Essaysammlung *Die Zeit, die große Bildnerin* geschickt. Wunderschön.

Wie ist die Fondation Brigitte Bardot entstanden?
Zuerst hatte ich einen kleinen Verein, nicht besonders professionell. Aber ich bin untergegangen in dem ganzen Papierkrieg. Dann hat mich ein Freund mit Charles Pasqua bekannt gemacht, der damals Innenminister war und mir erklärt hat, dass eine Stiftung eine deutlich größere Schlagkraft hat. Man brauchte allerdings ein Kapital von drei Millionen Francs, die ich nicht hatte. Ich habe also eine Auktion organisiert mit allen wertvollen Dingen, die ich besaß: den Schmuck, den Gunter Sachs mir geschenkt hatte, die Möbel von meinen Eltern, meine Gitarre und das Kleid, das ich bei meiner Hochzeit mit Vadim getragen hatte, die erste Büste der Marianne mit meinem Kopf ... So haben sich die Einzelteile meines Lebens in alle Richtungen verstreut und damit auch etwas von meinem Geist. Aber ich habe meine

drei Millionen zusammengekriegt. Und 1988 wurde meine Stiftung gegründet, und Liliane Sujanszky, die vorher beim Tierschutzverein war, hat die Leitung übernommen. In einem zweiten Schritt habe ich dann der Stiftung La Madrague vermacht, damit die Stiftung als gemeinnützig anerkannt wurde und als Nebenklägerin in allen Prozessen rund um die Tiere auftreten kann. Damit bin ich sozusagen in den Krieg eingetreten.

Jetzt hatten Sie einen Auftrag?

Ja. Das trifft es genau: einen Auftrag. Einen Auftrag von ganz oben. Aus dem Jenseits. Von einer Kraft, einer unbestimmbaren Macht, die unserem Leben Sinn verleiht. Mein erstes Leben ist wie ein Entwurf gewesen, mein zweites ist die Ausführung. Denn ich weiß jetzt, warum ich auf der Erde bin. Und warum ich so unglaublich beschützt gewesen bin. Ohne diesen Schutz hätte ich meine Verzweiflung und meine Selbstmordversuche niemals überlebt. Es gab einen Plan dahinter. Das klingt ziemlich mystisch, oder? Aber so bin ich. Und ich verstehe das, was ich tue, als eine Art heiliges Amt.

Also auch als Opfer?

Ja. Denn ich gebe alles. Meine Energie, meine Gesundheit, meine Zeit, mein Leben. Das ist heute vielleicht nicht mehr sehr viel wert, weil ich alt bin. Aber als ich jünger war, hätte ich es für diese Sache hingegeben, ohne es zu bereuen. So ist das mit der Uneigennützigkeit. Man vergisst sich selbst vollkommen. Die kleinen Alltagswehwehchen oder meine Hüftprobleme sind nichts im Vergleich zu dem, was die Tiere erleiden.

Betrachten Sie Ihren Einsatz für die Tiere als einen humanistischen Einsatz?

Selbstverständlich! Auf der Erde gibt es zwei Arten von Lebewesen: Tiere und Menschen. Das Wort »Wesen« gilt für beide Arten gleichermaßen. Und die erste verdient Respekt und Mitgefühl von der zweiten. Die Wesen der ersten Art bringen ihre Intelligenz und ihr Leid anders zum Ausdruck, aber sie haben dieselbe Berechtigung wie die der zweiten. In wessen Namen nehmen sich die Menschen, die immer mehr werden und sich für Gott halten, das Recht heraus, über Leben und Tod der anderen zu entscheiden? Das Recht, sie zu versklaven und einfach wegzuwerfen wie ein benutztes Taschentuch? Ich mache keinen Unterschied zwischen einem Tier und einem Kind. Es ist genauso schutzlos, ungebildet, sprachlos. Es sollte eine Pflicht sein, ihnen zu helfen. Sie zu quälen ist abscheulich. Jäger sind Feiglinge!

Sie sind schon oft mit ihnen aneinandergeraten.

Ich hasse sie. Einmal, bei einer Treibjagd in der Nähe meines Hauses, läuft ein Wildschwein vor meinem Grundstück entlang, und ich mache ihm das Tor auf. Ein Jäger ruft mir zu: »Das will ich haben, genau das!« Ich antworte: »Nein, es ist auf meinem Grundstück«, und mache nicht auf. Da sagt der Typ: »Ich habe zwei Patronen. Entweder lassen Sie mich rein, oder eine davon ist für Sie und die andere für das Wildschwein.« Ich sage: »Dann schießen Sie doch!« Aber ich wurde auch schon von den Schlachtern bedroht, die eines Tages in Bazoches ankamen mit Messern in der Hand und blutigen Schürzen, weil ich im Fernsehen die Leute angefleht hatte, kein Pferdefleisch mehr zu essen, woraufhin der Verbrauch um dreißig Prozent gesunken war. Das ist ein wichtiger Teil meines Kampfes seit den Siebzigerjahren. Ich will, dass der Verzehr von Pferdefleisch eingestellt wird, bevor ich sterbe. Ebenso wie ich will, dass die Hetzjagd verboten wird, die reiche Idioten und dekadente Aristokraten zu ihrem sadistischen Vergnügen veranstalten. Aber die Politiker haben leider nur einen Geldbeutel und ihre Wählerkartei anstelle eines Herzens.

Alle? Sind Sie von allen enttäuscht?

Von allen! Sogar von Nicolas Hulot, in den ich so große Hoffnungen gesetzt hatte und der, kaum dass er Minister war, erlaubt hat, dass vierzig Wölfe erlegt werden. Da war ich unglaublich verzweifelt. Ich habe ihm geschrieben und ihn wild beschimpft. Woraufhin er mich eines Abends in La Madrague angerufen und mir erklärt hat, dass er keine Wahl hatte, dass die Entscheidung schon gefallen war, bevor er ins Amt kam, blablabla. Ich habe gesagt: »Das ist ekelhaft, Nicolas. Man schließt keine Kompromisse. Dann schon lieber kündigen!«

Lehnen Sie den Stempel »Front-National-Anhängerin« ab, der Ihrem Image anhaftet?

Ich werde Ihnen etwas sagen: Ich beurteile die Politiker danach, was sie für die Tiere tun. So einfach ist das. Und darum war ich nie auf irgendetwas festgelegt. Ich habe Giscard unterstützt, der immer toll war; Chirac, dann Jospin gegen Chirac, dann Sarko. Ich war voller Hoffnung, als der Front National konkrete Vorschläge gemacht hat, um das Tierleid einzuschränken. Aber ich habe auch für Mélenchon geworben, indem ich ihm zu seiner vegetarischen Ernährung und einem Projekt gegen Schlachthöfe gratuliert habe.

Wenn morgen ein Kommunist die Vorschläge meiner Stiftung aufgreift, bekommt er meinen Beifall und ich wähle ihn. Aber ich unterstütze nie wieder irgendjemanden.

Die scharfen Äußerungen, mit denen Sie das rituelle Schlachten von Tieren kritisieren, insbesondere beim islamischen Opferfest, haben Ihnen mehrere Strafen wegen Anstiftung zum Rassenhass eingebracht ...

Ich bin nach wie vor entsetzt über diese Praktik! Jedes Jahr, wenn das Fest mit den vielen Schächtungen auf dem Kalender näher rückt, geht es mir schlecht. Ich ertrage die Grausamkeit und den Todeskampf der Tiere nicht, die völlig entsetzt mit dem Tod ringen, während das Blut aus ihnen herausfließt. Das ist in keiner Weise rassistisch. Die Religion ist mir egal, genauso wie die Herkunft derer, die diese Barbarei veranstalten. Ich verlange noch nicht einmal das Verbot des religiösen Rituals. Ich verlange nur, dass das Tier vorher betäubt wird, zum Beispiel mit Elektronarkose, damit es beim Aderlass nicht leidet. Das habe ich 2004 unter Tränen dem Rektor und dem Großmufti der Großen Pariser Moschee erklärt. Sie haben das im Prinzip akzeptiert. Es musste nur noch ein Gesetz dazu erlassen werden. Sarkozy hat es mir tausendmal versprochen. Nichts ist passiert! Unser laizistisches Land ist einer der letzten Staaten in Europa, in denen das rituelle Schächten von Tieren bei vollem Bewusstsein noch erlaubt ist. Das ist unerhört.

Ihre Stiftung ist im Laufe der Zeit immer größer geworden und mittlerweile überall vertreten, um sich für viele verschiedene Arten einzusetzen.

Darauf bin ich am meisten stolz. Wir kämpfen auf allen

Kontinenten. Wir erheben die Stimme für die Tiere sowohl auf nationaler als auch auf internationaler Ebene. Wir versuchen, die Arten zu schützen, Massentötungen zu verhindern. Und wir möchten weiterhin möglichst viele Tiere in Frankreich retten. Meine Häuser werden zu ihren Häusern. Einmal habe ich sogar alle Tiere aus einem Zoo gekauft, die dort vor sich hinsiechten. Aber wie kann man noch mehr tun? Es herrschen überall barbarische Zustände. Während wir beide uns unterhalten, werden Millionen von Tieren in französischen Schlachthöfen die Kehlen durchgeschnitten. Drei Millionen täglich! Haben Sie gehört? Das treibt mich um. Dazu kommen die Zustände in den Tierhandlungen, die Vergasung des Geflügels und die Gänsemast. Gänsestopfleber zu essen ist krank, und nur Idioten lassen sie sich schmecken. Ich kämpfe weiter mit Leib und Seele und sage meine Meinung. Meine Bekanntheit hat mir die Türen geöffnet. Aber das reicht nicht. Schauen Sie, in den meisten wichtigen Fragen konnte ich nichts erreichen.

Der Tod von Jeanne Moreau und kurz darauf der von Mireille Darc hat Sie sicher schwer getroffen.
Das war ein Schock. Ich habe beide sehr geschätzt, und ganz ehrlich, sie hatten eine andere Bedeutung als die heutigen Schauspielerinnen – die armseligen Schätzchen –, ich finde sie hässlich, schlecht frisiert, schlecht gekleidet, unelegant, und sie regen einen nicht zum Träumen an. Zum Glück gibt es noch Catherine Deneuve, nach wie vor wunderschön. Nur schade, dass sie Pelz trägt! Für mich ist das, als würde man ein Massengrab auf den Schultern tragen.

Fühlen Sie sich mit all den Schauspielerinnen – von Meryl Streep bis Angelina Jolie – verbunden, die knallhart Gewalt und sexuelle Belästigung gegenüber Frauen in der Filmbranche anprangern?

Die Schauspielerin Mae West hat gesagt: »Ich bin das Mädchen, das seinen guten Ruf verloren und ihn nie vermisst hat.« Ich finde, die Hollywood-Schauspielerinnen sind heute zum Großteil scheinheilig. Ihr einziges Verdienst ist es, die Leute wachgerüttelt zu haben. Denn es ist ein Skandal, dass so viele Frauen und junge Mädchen körperlich Gewalt durch echte Dreckskerle erleiden. Ich für meinen Teil möchte dazu gern noch einmal Madame de Staël zitieren: »Je besser ich die Männer kenne, desto lieber sind mir die Hunde.«

Sie sind noch immer mit Alain Delon befreundet.

Alain, er ist scheu und zurückgezogen wie ein Tier. Unsere Freundschaft hat erst spät begonnen, aber sie ist stark. Wir treffen uns nie, wir telefonieren selten, aber wir müssen nur ein Wort sagen und verstehen uns sofort. Er steht als Mann für das, wofür ich als Frau stehe – neulich habe ich ihm gesagt: Wir beide sind die letzten historischen Denkmäler des zwanzigsten Jahrhunderts, die noch leben! Und das stimmt, wir verkörpern das Kino, das Generationen zum Träumen angeregt hat. Aber das ist vorbei. Es gibt heute keinen neuen Delon mehr unter den französischen Schauspielern. Bärtig, kurzgeschoren, schlecht gekleidet … Man fragt sich, wo die Schönheitsgene hin sind!

Wir haben noch gar nicht über die Liebe gesprochen …

Ich habe nur durch die Liebe gelebt.

Aber keine Liebe konnte Sie glücklich machen.

Nur die der Tiere. Früher bin ich wie eine Biene von Blüte zu Blüte geflogen, ich wollte es immer noch intensiver, noch absoluter. Ich habe das Außergewöhnliche gesucht. Halbe Sachen haben mich nicht interessiert.

Aber Sie haben geliebt wie eine Wahnsinnige ...

Sami Frey, Jean-Louis Trintignant ... Und Gainsbourg natürlich.

Aber Sie wollten nicht Mutter werden.

Ich wollte nicht noch einen Menschen in die Welt setzen. Ich denke, es gibt schon zu viele. Und sie machen mir Angst.

Trotzdem haben Sie 1960 einen Sohn bekommen.

Ja, unter fürchterlichen Umständen. Ich wurde von Journalistenhorden und Paparazzi gejagt, die mein Haus umstellten und mir diese Zeit vollkommen verdorben haben. Das war eine traumatische Erfahrung. Ich war zu jung, zu sehr im Blickfeld, zu labil, völlig orientierungslos, überfordert mit dem Leben. Ich konnte mich nicht um dieses kleine Wesen kümmern.

Konnten Sie trotzdem eine Beziehung zueinander entwickeln?

Nicolas ist heute siebenundfünfzig Jahre und großartig. Er hat sich selbst sein Leben in Norwegen aufgebaut, und zwar mit Erfolg. Er liebt Kinder, kümmert sich sehr um seine Familie und gleichzeitig auch um mich. Ich fühle mich sogar ein bisschen wie die Tochter meines eigenen Sohnes, obwohl ich Urgroßmutter bin. Aber damals, wie soll ich das sagen, wusste ich nicht, was ich tun sollte. Ich hatte Angst vor Babys. Ich hatte keinen …

Mutterinstinkt?
Ja. Heute glaube ich, dass man das lernen kann. Aber damals war das schmerzlich. Ich spürte diesen Instinkt nicht und verstand nicht, warum, wo ich ihn doch für die Tiere empfand. Ich musste viel einstecken, weil ich das zugegeben habe.

Was denken Sie, wie es mit Ihrer Stiftung weitergeht?
Sie wird weiterbestehen. Das ist dringend notwendig. Der Kampf, den ich begonnen habe, ist wichtiger als mein Leben! Ich habe alles so geregelt, dass jemand, der intelligent, stark und mitfühlend ist, meine Nachfolge antreten kann. Laurence Parisot bringt, denke ich, all das mit. Sie muss sich noch beweisen. Und La Madrague, wo die Menschenhorden auf- und abmarschieren, um einen Blick auf mich zu erhaschen: Dieses Anwesen soll ein Museum werden. Gegen zwei, drei Euro für die Stiftungskasse sollen die Besucher mein Fischerhaus besichtigen können, wie es jetzt ist. Ich kann es akzeptieren, wenn es zu einer »Pilgerstätte« wird. Denn ich werde dann im Garten begraben sein. Ich habe mir eine kleine Ecke nah am Meer ausgesucht, die die Behörden genehmigt haben.

Beruhigt Sie das?
Ich habe es nicht eilig. Aber ja, ich möchte lieber dort liegen als auf dem Friedhof von Saint-Tropez, wo wahrscheinlich lauter Trottel das Grab meiner Eltern und Großeltern beschädigen würden. Sie sollen ihre Ruhe haben.

In Tränen des Kampfes, *Ihrem letzten Buch, wie Sie sagen, schreiben Sie:* »Mein Tod wird meinem Leben einen Sinn verleihen.«

Es ist ja so, dass man die Bedeutung eines Menschen erkennt, wenn er stirbt. Nehmen Sie Johnny Hallyday! Ich glaube, dass man leider erst bei meinem Tod meine Pionierleistung erkennen wird. Und dass die bekannteste Französin der Welt auf außergewöhnliche Weise gekämpft hat, indem sie ihren Status als internationaler Star den Tieren geopfert hat. Von ganzem Herzen und mit all ihrer Kraft.

Agnès b.

Sie hat so viele Leidenschaften, dass es schwerfällt, sie auf etwas festzulegen. Nehmen wir Stylistin, zumindest in erster Linie, weil sie selbst dieses Wort gern mag und weil es das ist, was sie zuerst gemacht hat: Kleidung und einen Stil entwerfen, der zu dem von Tausenden von Frauen geworden ist, die in ihren vielen Boutiquen auf der ganzen Welt einkaufen. Aber sie ist auch Kunstsammlerin, Galeristin, Mäzenin und als solche immer bereit, junge Künstler zu unterstützen. Und sich im humanitären Bereich zu engagieren.

Ich wäre nicht die, die ich heute bin, wenn ...
Wenn ich nicht mit einundzwanzig Jahren, frisch geschieden und mit zwei Babys, meinen Lebensunterhalt hätte verdienen müssen. Ich habe mich mit sechzehn Jahren mit Christian Bourgois verlobt, mit siebzehn geheiratet, mit neunzehn Zwillinge bekommen und ihren Vater mit zwanzig verlassen. Ich musste also mit den Zwillingen im Schlepptau improvisieren. Nach Versailles zu meiner bürgerlichen Familie konnte ich nicht zurück, dort hatte es geheißen: »Sieh zu, wie du dich durchschlägst!« Eine Scheidung nach nicht einmal drei Jahren war nicht gut angesehen. Ich habe also dazu gestanden und zwischen Windelwechseln und

217

Fläschchen meine Klamotten auf dem Flohmarkt gekauft: Cowboystiefel, alte Spitzenunterröcke, Armeejacken ... Dieser sehr persönliche Stil erregte Aufmerksamkeit bei der Chefredakteurin der Modezeitschrift *Elle*. Sie hat mich gebeten, eine ganze Serie von Entwürfen zu machen für junge Mädchen in den Ferien. Ich habe lauter Aquarelle von Kleidern gemalt, die man verwandeln und miteinander kombinieren konnte. Und dann wurde ich übernommen. Aber weil mich das Entwerfen interessierte, bin ich zwei Jahre später wieder gegangen, um Stylistin zu werden. Ich mag dieses Wort.

Die Mode war also reiner Zufall? Wovon haben Sie geträumt, als Sie fünfzehn waren?

Museumskonservatorin. Ich wollte etwas mit Kunst machen, ohne genau zu wissen, wie. Und wie sich das für ein Mädchen aus Versailles gehört, stellte ich mir vor, auf die École du Louvre zu gehen. Es geht nicht spurlos an einem vorbei, wenn man in Versailles aufwächst. Ich bin zweihundert Meter vom Schlosspark geboren worden und habe ganz in der Nähe des Neptunbrunnens gewohnt. Das war mein Garten. Der Ort meiner Träume und Erkundungen. Ich wollte alles wissen über die Geheimnisse des Schlosses. Ich habe Saint-Simon gelesen, Princesse Palatine, all das faszinierte mich. Ich ging mit der Schule dorthin, später mit dem Kunstkurs der École des Beaux-Arts, und wenn es mir nicht gut ging, fuhr ich mit Tränen in den Augen eine Runde mit dem Fahrrad um den Grand Canal. Der Ort beruhigte mich. Ich betrachtete die Statuen, sie vermittelten mir Gelassenheit.

Kunst war für mich unentbehrlich. Übrigens habe ich,

sobald ich die Mittel dazu hatte, angefangen, Kunstwerke zu sammeln, und Anfang der Achtzigerjahre eine Galerie eröffnet: La galerie du jour. Ich habe mich in die Welt der Kunst hineingeschlichen. Ich wollte selbst etwas entdecken, den Künstlern helfen und anderen etwas zeigen. Und das hat mich wahnsinnig glücklich gemacht. Alle meine Freunde sind Künstler. Sie reden mit mir, erzählen mir ihr Leben, schildern ihre Kindheit. Immer ihre Kindheit. Das ist der Nährboden, auf dem alles wächst.

Und Ihre eigene? Wie war diese Kindheit in einer bürgerlichen Familie in Versailles?
Es ist interessant, sein eigenes Leben anzuschauen. Und es ist faszinierend, dabei zu spüren, dass man die bleibt, die man schon als kleines Mädchen war. Ich kann mich sofort in irgendeinen Augenblick meines Lebens zurückversetzen, als ob ich ihn noch einmal erleben würde. Ich erinnere mich ganz genau an Gefühle und Situationen. Eine Art Filmgedächtnis. Zum Beispiel sehe ich mich mit zwölf Jahren in Florenz mit meinem Vater, wie ich die Werke Botticellis bewundere, während die weißen Vorhänge vor den Fenstern leicht flattern. Er hatte mich nach Italien mitgenommen, um mir die Kunst zu eröffnen, ich war neugierig, ich wollte die Werke der Maler erkennen, ohne die Namen zu lesen.

War diese Reise eine Einführung in die Kunst für alle Geschwister, also mit Ihren beiden Schwestern und Ihrem kleinen Bruder zusammen?
Nein. Wir waren zu zweit gefahren. Er sagte, ich sei seine Lieblingstochter, und unglaublicherweise war das innerhalb der Familie in Ordnung. Und vollkommen akzeptiert. Meine

Schwestern waren erstaunlich großzügig und nahmen das so an. Im Grunde genommen erkannte er sich in mir mehr als in den anderen wieder. Wir waren uns so ähnlich, hatten denselben Charakter.

Was für einen Charakter?
Seine Freunde nannten ihn PUMAP: pas une minute à perdre – jede Minute zählt. Und er sagte, man müsse immer das Angenehme mit dem Nützlichen verbinden. Wie ich. Wir verstanden uns so gut! Ich habe ihn verlassen, um mit siebzehn Jahren zu heiraten, und er ist an einem Herzinfarkt gestorben, als ich dreiunddreißig war. Mein erster Gedanke damals war: »Ich hatte ihm noch so viel zu sagen!« Er wird mir immer fehlen. Aber ich spreche manchmal mit ihm. Er war immer gut gelaunt. Er lachte genauso gern wie ich. Er liebte Musik und schwärmte für die Kunst. Aber er war Rechtsanwalt von Beruf, wurde zweimal zum Präsidenten der Anwaltskammer gewählt und war sehr geschätzt.

Haben Sie ihn als Verteidiger erlebt?
Nein. Aber ich habe ihn singen gehört, denn er war im Chor der Pariser Oper, und eines Tages hat er mich zwischen den Chorsängern versteckt, damit ich einmal das besondere Erlebnis hatte, den Dirigenten von vorn zu sehen. Das war bei der neunten Symphonie von Beethoven im Palais de Chaillot. Und es war sagenhaft, das zu erleben, verborgen zwischen den schwarz gekleideten Männern und den Frauen in langen Röcken. Beethoven, mitten aus dem Chor heraus ... Das ist eine schöne Vorstellung, nicht wahr? Ein anderes Mal hat er mich mitgenommen, um die *Rhapsody in Blue* in Monte Carlo zu sehen. Das sind wichtige Erleb-

nisse, die mich wirklich geprägt haben. Mit dieser Erinnerung im Kopf habe ich übrigens einen schönen Film von Douglas Gordon produziert, in dem er einen Dirigenten von vorn filmt, in dessen Gesicht sich alle Gefühle abzeichnen, während die Musiker die *Vertigo*-Musik von Herrmann spielen.

Hat er Ihnen von seinem Beruf erzählt und was ihn daran umtrieb?

Eines Tages, ich muss acht Jahre alt gewesen sein, hat er sich morgens gegen sechs Uhr an mein Bett gekniet. »Mein Liebes, ich kann es keinem sagen außer dir. Ich habe gerade miterlebt, wie mein Mandant hingerichtet wurde.« Das war lange vor der Abschaffung der Todesstrafe, sein Mandant war morgens um fünf Uhr vor seinen Augen guillotiniert worden, er war nach Hause gekommen und hatte mich geweckt, um es mir zu erzählen. Das zeigt, wie sehr er mir vertraute.

Haben Sie ihm Fragen gestellt?

Nein! Er war am Fußende meines Bettes zusammengebrochen. Und ich habe mir die Sache sehr zu Herzen genommen. Ich habe weder meinen Geschwistern noch sonst irgendwem etwas gesagt, und wir haben nicht mehr darüber gesprochen. Verrückt, dass er das gemacht hat. Er musste sich wohl unbedingt jemandem anvertrauen.

Warum nicht Ihrer Mutter?

Auf gar keinen Fall. Es lief nicht gut zwischen den beiden. Sie haben innerhalb von fünf Jahren vier Kinder bekommen, aber danach habe ich sie nie wieder im selben Bett gesehen. Sie haben sich auseinandergelebt, jeder hat seine eigenen Geschichten gehabt … Sie sind nur wegen uns Kindern zusammengeblieben, was nicht unbedingt eine gute Idee ist, denn es ist schlimm mitzuerleben, wie die Eltern sich anschreien. Aber sie haben sich Mühe gegeben, waren einander verbunden in ihrer Liebe zur Kunst, zur Musik und in dem Willen, uns die bestmögliche Erziehung zu bieten.

Hatten Sie mit Ihrer Mutter auch eine so enge Verbindung wie mit Ihrem Vater?
Oh nein! Mit Maman gab es überhaupt keine enge Verbindung. Als ich vier Jahre alt war, hat sie zum Beispiel verlangt, dass wir sie siezen. Sie war schön, gut gekleidet, sehr aufs Äußere fixiert und fand das schick. Mein Vater protestierte:»Was für ein Blödsinn! Zu mir sagt ihr weiter du, meine Kleinen.« Ich habe meine Mutter also mein Leben lang gesiezt und konnte ihr nie irgendetwas Persönliches sagen. Ich war sehr schüchtern, und sie war höllisch streng und auf Anstand bedacht. Eines Tages ist sie mit meiner älteren Schwester und mir ins Kino gegangen, um *Die Schönen der Nacht* von René Clair zu sehen. Beim ersten Kuss zwischen Gina Lollobrigida und Gérard Philipe springt meine Mutter plötzlich auf und sagt zu uns:»Ich will nicht, dass ihr seht, wie ich diesen Film anschaue.« Ich war völlig baff: Es war gar nicht so sehr der Kuss, der ihr unerträglich war, sondern vielmehr die Tatsache, dass wir sahen, wie sie ihn anschaute! Also sind wir gegangen. Panische Angst vor Vertrautheit …

Keine Gespräche?
Nein. Meine ganze Kindheit war davon geprägt, dass die Dinge unausgesprochen blieben und man sich verstellte.

Man fragt nicht, sagte meine Mutter, die als Tochter eines Generals im strengen Geist der Ehrenlegion erzogen worden war. Und ich glaube, dass ich wegen dieser Erziehung, die auf mir lastet, noch heute Schwierigkeiten damit habe, Fragen zu stellen. Ich habe immer versucht, die Dinge mit meiner Mutter wieder in Ordnung zu bringen, ich war um Harmonie bemüht. Aber sie spürte etwas Rebellisches in mir. »Mein Liebes macht nur, was ihr passt«, sagte sie.

Mit siebzehn Jahren haben Sie also geheiratet. Als würden Sie etwas überstürzt die Flucht antreten.

Ich war noch ein Kind. Und so naiv. Ich dachte, es sei einfach: Und sie heirateten und bekamen viele Kinder. Aber so war es nicht. Vor allem, weil ein Mann, mein Onkel, mir meine Jugend genommen hatte. Mit elf Jahren hatte ich Brüste und lange blonde Haare. Ich war eine kleine Nymphe, wie es damals Mode war. Doch als Nymphe ist man Beute. Eine Beute, die meine Mutter nicht zu schützen vermochte, weil sie blind war oder geschmeichelt, dass ein schöner fünfundvierzigjähriger Mann jeden Abend wegen ihrer Tochter kam. Er war kultiviert, faszinierend, aufmerksam. Er ließ mich lesen, kleidete mich anders ein. Aber seine Berührungen haben mich zutiefst erschüttert, und als ein weiterer Erwachsener dasselbe mit mir machte, habe ich mir gesagt, dass die Erwachsenen wirklich scheinheilig sind, und mir geschworen, niemals eine von ihnen zu werden.

Welche Auswirkung hatte das auf Ihr Leben?

Das hat meine Beziehung zu Männern für immer verändert. Ich ertrage keine Nähe zu reifen Männern. Ich kann mir keine körperliche Beziehung mit ihnen vorstellen. Ich habe keine Psychoanalyse gemacht, aber vor zwölf Jahren habe ich innerhalb von zwei Tagen eine Geschichte über Inzest geschrieben, aus der ein Film entstehen sollte. Ich habe ewig gebraucht, um ihn zu drehen. Das Wort löst Angst aus. Aber zehn Jahre später habe ich es gemacht, geschrieben, gedreht, ihn fertiggestellt: *Je m'appelle Hmmm* ... Das war wie eine Teufelsaustreibung. Und er wurde bei den Filmfestspielen in Venedig gezeigt. Es war nicht genau meine Geschichte, ich hatte alles übertragen. Aber ich kann behaupten, dass ich weiß, wovon ich spreche.

Wann haben Sie ein politisches Bewusstsein entwickelt?

Während des Algerienkrieges. Da habe ich verstanden, auf welcher Seite ich stehe. Ein Mädchen aus meiner Abschlussklasse war schwarz gekleidet und schwanger in die Schule gekommen. Ihr junger Ehemann war gerade in Algerien getötet worden. Das war wie ein Elektroschock. Daraufhin wollte ich mich informieren, verstehen. Später ist einer meiner Freunde, der auch einberufen wurde, desertiert, als er foltern sollte. Ich war damals mit Christian Bourgois verlobt, der zehn Jahre älter war als ich und sich in einem linksintellektuellen Milieu bewegte – das genaue Gegenteil des Umfelds meiner Eltern. Als meine Mutter sagte: »Mein armes Mädchen, du stehst ja bis zum Hals unter jüdischem Einfluss!«, weil ich zwei jüdische Freunde hatte, machte mich das rasend. Ich fing an, täglich *Le Monde* zu lesen. Wenn ich als junge Verlobte im Café de Flore auf Christian wartete, erkannte ich Sartre und Simone de Beauvoir. Und wir haben mit Leuten wie Jean-François Revel, Simon Nora, André Breton, Giacometti zusammen gegessen. Ich sagte kein Wort, aber mir entging nicht eine Silbe des Gesprächs. Und da habe ich mich entschieden, auf welcher Seite ich für immer stehen wollte. Ich bin links. Und selbstverständlich Feministin.

Und dann kam der Mai 68 ...
Natürlich war ich auf der Straße. Und das war wunderbar. Paris war ein großer Spielplatz, und wir trugen alle Halstücher gegen die Tränengasbomben. Meine Mutter war in Panik und wollte, dass wir uns in Jouy-en-Josas verstecken. Aber ich sagte:»Alles in Ordnung. Uns geht's bestens!« Das war keine Revolution verwöhnter Kinder. Hinter dem Mouvement du 22 mars, mit dem alles losging, stand wirklich eine Philosophie, eine Ideologie, die die Konsumgesellschaft verändern, sie großzügiger, gerechter machen und den Blick aufs Teilen richten wollte. Und allem Anschein zum Trotz wurden mit dem Abkommen von Grenelle Dinge errungen, von denen wir noch heute profitieren. Das war etwas völlig anderes als die kurzlebige Bewegung Nuit Debout.

Und was ist mit der Mode? Die einen dazu verführt, immer mehr, immer teurer, immer schneller und nur für kurze Zeit zu konsumieren.
Ich mag die Mode nicht. Ich mag Menschen und Kleidung, das ist etwas anderes. Und ich wollte immer Langlebiges schaffen, unabhängig von Modetrends, das den Leuten Spaß macht und das man zwanzig Jahre tragen kann. Ich versuche, Sachen zu entwerfen, die bequem sind, die miteinander harmonieren, die sich ohne Weiteres ergänzen und unendlich kombinieren lassen. Was ich mache, ist gegen die Konsumgesellschaft. Ich wollte übrigens auch nie

Werbung machen. Ich bin strikt dagegen, was aber gar nicht so leicht ist, denn die Zeitungen stehen immer mehr unter dem Einfluss der Anzeigenkunden. Und mir ist es egal, was die anderen entwerfen. Mein Job besteht nicht darin, die aktuellen Trends zu verfolgen, sondern sie zu kreieren. Ich zeichne alles selbst, was unter meinem Namen produziert wird. Auf die Gefahr hin, dass man mich kopiert. Ich verdiene Geld, ja. Aber ich bin glücklich, es mit anderen zu teilen, mich für Dinge einzusetzen, Künstlern zu helfen, indem ich ihre Werke kaufe und ihre Projekte unterstütze.

Mögen Sie Politik?
Ich liebe Politik. Mit fünfundsiebzig Jahren habe ich eine große Familie, fünf Kinder, sechzehn Enkelkinder, vier Urenkel. Darum interessiert mich die Welt, die ich ihnen hinterlasse. Und ich mache mir Sorgen. Es gibt viele junge Leute ohne Geschichtsbewusstsein, ohne die Hoffnung, gemeinsam etwas zu erkämpfen, ohne Ideale, die sich von Marine Le Pen verführen lassen.

Ich habe gehört, wie Sie gesagt haben, dass man, wenn man gläubig sei ...
Ja, ich bin gläubig.

... unmöglich Rechtsextreme wählen könne.
Das scheint mir selbstverständlich. Die christliche Botschaft lautet doch »liebt euch gegenseitig«! Zu glauben und links zu sein, ist also nur konsequent. Dazu passt das Teilen, andere aufzunehmen, Migranten zu akzeptieren ... Das hat mich schon immer angesprochen, schon als kleines Mädchen. Ich bin in die Messe gegangen, schon bevor ich

in die Schule kam. Und von den vier Evangelisten habe ich mir Johannes ausgesucht, weil er die Dinge auf einfache Art und Weise erzählte, wie ein Reporter. Die Hochzeit von Kana als Metapher. Das ist so schön. Und so lustig. Und der Schmerz der Mutter, die ihren Sohn am Kreuz sieht … Ich bin absolut keine Betschwester, und ich gehe auch nicht unbedingt zur Messe. Aber das hindert mich nicht daran, an anderen Orten zu beten, zu danken oder zu bitten. Ich habe Freunde im Himmel. Das hilft ungemein. Und sei es beim Gedanken an den Tod. Ich fürchte mich vor ihm wie alle. Aber wenn man glaubt, dann weiß man, dass man ein Leben nach dem Tod hat.

Haben Sie gar keine Zweifel?
Kein bisschen. Das ist seltsam, da ich den Zweifel im Leben doch so sehr mag. Aber in dieser Hinsicht bin ich vollkommen ruhig und gewiss. Ich glaube an die Seele. Und ich weiß, dass ich die Menschen wiedersehen werde, die ich liebe. Und dass sie mich beschützen. Ich spreche mit ihnen. Sogar mit der heiligen Agnes, deren Gedenkstein ich mir in den römischen Katakomben angesehen habe. Ein ganz junges Mädchen noch, das von einem älteren Mann bedrängt wurde und das man den Löwen zum Fraß vorwerfen wollte. Aber sie legten sich zu ihren Füßen schlafen. Also wollte man es verbrennen. Aber die Flammen wichen vor ihr zurück. Und schließlich wurde sie enthauptet. Ihre Geschichte hat mich bewegt, sicher wegen meines Onkels.

Und der Papst in Rom?
Oh, ich finde ihn toll! Sein Name geht auf Franz von Assisi zurück, das berührt mich. Er stammt aus Südamerika,

227

er kennt das Leben, und er versucht, das Affentheater im Vatikan einzudämmen. Homosexualität, Abtreibung, Flüchtlinge ... Er erreicht etwas. Mir selbst erhoffe ich davon, dass ich wieder zum Abendmahl gehen kann. Seit meiner Scheidung habe ich nicht mehr daran teilnehmen dürfen. Und wenn ich die anderen in der Messe zum Abendmahl gehen sehe, muss ich weinen.

Sind Sie optimistisch?
Durch und durch. Wie mein Vater. Meine Mutter sagte immer: »Ach, ihr mit eurem Optimismus!« und streckte die Arme dabei gen Himmel. Ich glaube, dass man Kindern Lust aufs Leben vermitteln muss. Neugier, Verständnis für die Dinge und wie man sie miteinander verbindet. Dass man genau hinschauen muss, mit wem man sich umgibt und wer einen fördert. Wie wichtig das Teilen ist, natürlich. Und die Freiheit. Aber dabei muss man sie beschützen.

Eve Ensler

Ihr Theaterstück Die Vaginamonologe *ist zum Kulttext des Feminismus und zu einem der meistgespielten zeitgenössischen Stücke auf der ganzen Welt geworden. Aber Eve Ensler, dreiundsechzig und von kämpferischem Naturell, hat ihren Text vor allem in den Dienst einer großen Bewegung gegen Gewalt an Frauen gestellt. Ihre Krebserkrankung hat ihr, statt sie auszubremsen, sogar weiter Auftrieb verliehen, wie sie mir im Sommer 2016, barfuß im Schneidersitz in ihrer hübschen Wohnung in New York, anvertraut.*

Ich wäre nicht die, die ich heute bin, wenn …

Wenn ich nicht in den Sechzigerjahren aufgewachsen wäre und mein Bewusstsein und mein Verständnis von Weltpolitik sich nicht in dieser in den USA unglaublich revolutionären Zeit herausgebildet hätten.

Revolutionär?

Stellen Sie sich das vor! Ich bin mitten in der Bürgerrechtsbewegung großgeworden, mitten in der Bewegung gegen den Vietnamkrieg, mitten in der Frauenbewegung. Zu einer Zeit, in der alles möglich war. Der Horizont weitete sich. Malcolm X, Martin Luther King und der Schriftsteller James Baldwin rissen uns mit im Kampf gegen die Unterdrückung der Schwarzen. Die großen Märsche gegen den Vietnamkrieg, an denen ich, seit ich sechzehn war, teilnahm, waren der Beweis, dass das Volk einen Krieg stoppen konnte. Und durch die Frauenbewegung habe ich begriffen, dass ich die Macht hatte, mein Schicksal selbst in die Hand zu nehmen. Wir entdeckten damals auch eine unglaubliche sexuelle Freiheit und Drogen, die uns Zugang zu einem anderen Bewusstsein verschafften. Das war eine faszinierende Phase, die mich geprägt, geformt und den Großteil meiner politischen Überzeugungen geschärft hat. Ich habe es nicht verstanden, als die Bewegungen sich auflösten und die meisten Leute sich ihrem eigenen Leben zuwandten. Dadurch war Raum für den Neokapitalismus mit seinen düsteren Zukunftsaussichten für die Erde, und Rassismus, Homophobie und Frauenhass explodierten. Ich habe aus diesen Jahren den nach wie vor lebendigen Glauben daran bewahrt, dass nur die Volksbewegungen in der Lage sind, wirklich große Veränderungen anzukurbeln.

Und eine schmerzhafte Familiengeschichte hinter sich gelassen mit Vergewaltigungen, Schlägen, Demütigungen durch Ihren Vater, an der Sie eigentlich hätten zugrunde gehen müssen.

In bin inmitten von Traurigkeit, Wut und Zorn aufgewachsen. Ich bin mit einem Körper großgeworden, in den mein Vater eingedrungen war und von dem ich mich vollkommen distanziert und verabschiedet hatte. Diese Geschichte hätte mich tatsächlich zugrunde richten können, wenn ich meine eigene Verzweiflung nicht mithilfe der politischen Bewegungen, von denen ich spreche, in eine viel größere Geschichte hätte einordnen können. Wenn der Ideenaustausch, die Vorträge, die Solidaritätsmärsche mir nicht gezeigt hätten, dass ich nicht allein war, dass der Kampf einer Frau der aller Frauen war und dass das »Persönliche« auch »politisch« ist. Dieser Aufbruchsstimmung der Sechzigerjahre verdanke ich die Sprache und die geistigen Mittel, um meine Geschichte mit dem patriarchalen System in Verbindung zu bringen, in dem mein Vater das Recht hatte, ein Tyrann zu sein. Erst dadurch konnte ich anfangen, Worte für das zu finden, was ich erlebt hatte. Und mich zu befreien.

Das Schreiben der Vaginamonologe *1996 ist bestimmt ein entscheidender Schritt in diesem Befreiungsprozess gewesen.*

Was für eine Geschichte! Als ich eines Tages eine alte Feministin verächtlich über ihre Vagina sprechen hörte – »sie ist trocken und tot«, sagte sie –, war ich sehr schockiert. Und ich habe angefangen, Frauen zu ihrem Körper zu befragen, insbesondere zu diesem Organ, das man nur sehr selten beim Namen nennt, das aber Antrieb, Zentrum und Lebenskraft zugleich ist. Wie ein zweites Herz wahrscheinlich. Die einfache Frage »Was denken Sie über Ihre Vagina« hat die Büchse der Pandora geöffnet. Die unterschiedlichsten Frauen haben mit mir darüber gesprochen: junge, alte, verheiratete, lesbische, Lehrerinnen, Prostituierte, Weiße, Schwarze, Musliminnen, Jüdinnen, Christinnen. Mehr als zweihundert Frauen, die anfangs noch scheu waren, aber die ich später gar nicht bremsen konnte in ihrem Redefluss.

Das Theaterstück, das Sie daraus gemacht haben, wurde in hundertfünfzig Ländern aufgeführt und in etwa fünfzig Spra-

chen übersetzt. Meryl Streep, Susan Sarandon, Glenn Close,
Whoopi Goldberg und so viele andere Schauspielerinnen woll-
ten es gern spielen. Was ist da passiert?

Von dem Tag an, als ich das Stück auf der Bühne gespielt
habe, hat es sich erstaunlicherweise wie ein Feuerball auf allen Kontinenten verbreitet. Ich kann das noch immer kaum
fassen. Aber ich habe verstanden, dass, wenn man Klartext
mit den Leuten redet – auch wenn das Mut und einen langen Atem erfordert –, das Thema Widerhall findet und die
Leute sich darauf stürzen. Ich bin mit Flugzeugen, Zügen,
Schiffen und Jeeps gefahren, um die Aufführung des Stü-
ckes überall auf der Welt zu begleiten. Ich habe miterlebt,
wie Abgeordnete des Europäischen Parlaments es gespielt
haben, wie es in einer großen Londoner Geschäftsbank aufgeführt wurde, in einem Theater in Peshawar von pakista-
nischen und afghanischen Frauen, in Kinshasa vor den Re-
gierungsmitgliedern des Kongo, in Kenia, in Bosnien und
in Indien. In Istanbul sind Frauen verhaftet worden, nachdem sie den Text gespielt haben. Andere haben ihr Leben
riskiert. Ihren Mut zu sehen, ihr dringendes Verlangen nach
Freiheit, ihren Wunsch, darüber ins Gespräch zu kommen,
was Frauen wirklich erleben, das war das Faszinierendste an
dieser ganzen Erfahrung.

Inwiefern hat das Stück Ihr Leben verändert?

Na ja, jeden Abend nach der Aufführung standen die
Frauen in Reihen da und warteten auf mich, um mir ihre
eigene Geschichte zu erzählen. Und was ich da hörte, war
buchstäblich grauenhaft. Berichte von Frauen, die von ihren
Ehemännern vergewaltigt, in ihrer Burka ausgepeitscht, mit
Säure in ihrer Küche verbrannt, für tot gehalten und auf

234

Parkplätzen liegen gelassen worden waren. Unfassbare Geschichten aus Jalalabad, Sarajevo, Port-au-Prince oder Alabama. Ich bin durch Flüchtlingslager gelaufen, habe mich in Hinterhöfe und dunkle Zimmer gestellt, wo die Frauen mir ihre Geschichten zuflüsterten und mir ihre Peitschenspuren zeigten, entstellte Gesichter, Verbrennungen von Zigaretten und Platzwunden. Ich habe von unbeschreiblichem Schmerz gehört. Und nach all dem, was mir aufgrund des Theaterstückes anvertraut wurde, wollte ich mich schließlich ganz und gar der Gewalt an Frauen widmen. Ich konnte mich nicht mehr mit der Aufführung meiner *Monologe* zufriedengeben in dem Wissen, dass eine Milliarde Frauen auf der Welt – jede dritte – im Laufe ihres Lebens geschlagen oder vergewaltigt wird. Es war etwas ins Rollen gekommen, das sich nicht mehr rückgängig machen ließ.

Was kann man als Theaterautorin tun, um ein so riesiges Problem anzugehen?

Diese Frage haben sich auch lauter Frauen gestellt, die sich 1998 bei mir zu Hause getroffen haben. Wie können wir uns die *Monologe* zunutze machen, um die Dinge voranzubringen? Wir haben damals bekannte Schauspielerinnen gebeten, das Stück auf einer großen Abendveranstaltung in New York zu spielen, um auf diese Weise Geld für Frauenhäuser und Notruftelefone zu sammeln. Die Veranstaltung hat den Rahmen gesprengt. Mehr als zweitausendfünfhundert Menschen sind ins Theater geströmt. Und das war der Beginn des V-Day, einer weltweiten Bewegung, die bald ihr zwanzigjähriges Bestehen feiert. Sie macht sich das Stück zunutze, um Veranstaltungen zum Thema Gewalt gegen Frauen anzustoßen, und hat in fast hundertvierzig Ländern mehr als hundert Millionen Dollar gesammelt.

Wie viele Personen haben Sie damit erreicht?
Mehr als drei Millionen! Wir haben Großaktionen in Afghanistan ins Leben gerufen, um ein Bewusstsein für das Thema zu schaffen, erste Zufluchtsstätten in Ägypten und im Irak eröffnet, Organisationen vor Ort in Nordafrika und im Nahen Osten geholfen, Antigewaltbewegungen in Indien unterstützt ... Jedes Jahr finden Tausende Veranstaltungen statt. Wobei One Billion Rising, die andere Widerstandsbewegung auf diesem Feld, noch nicht mitgerechnet ist, die seit fünf Jahren im Namen Milliarden vergewaltigter Frauen dazu aufruft, auf öffentlichen Plätzen zu tanzen und zu protestieren, von Hongkong bis Nairobi, von Mexiko bis Swaziland.

Der Kongo hat Ihnen das Herz gebrochen ...
Ich hatte schon viele Kriegsgebiete besucht, aber der Kongo: Sechs bis acht Millionen Tote und Millionen Frauen, die systematisch vergewaltigt werden, auf unbeschreiblich barbarische Weise! Und dahinter steckt eine militärisch-industrielle Taktik für den Abbau von Bodenschätzen, die vor allem in unseren Smartphones verwendet werden. Das war wie das Ende der Menschheit. Und das war auch noch einmal ein Wendepunkt in meinem Leben. Weil die Frauen in diesem Land ohne jegliche Strukturen, beinahe ohne Elektrizität, selbst die Idee für einen Ort hatten, um wieder zu Kräften zu kommen, sich gegenseitig zu unterstützen und einen neuen Anfang zu wagen. Einen Ort, der *Stadt der Freude* heißen sollte. Mein Team hat beschlossen, ihnen da-

bei zu helfen, und ich habe mich dort mit aller Kraft eingebracht, bis ein riesiger Gebärmuttertumor bei mir entdeckt
wurde.

*Ein fürchterlicher Krebs, der Sie das Leben hätte kosten kön-
nen, aber der Sie, wie Sie selbst sagen, gerettet hat?*
Ich habe überhaupt keine Lust, diese Erfahrung zu be-
schönigen. Ich habe schrecklich gelitten. Und weil der Krebs
gerade dort auftrat, hatte ich das Gefühl, mein Körper hätte
diesen Tumor über Jahre gebildet und er sei ein Knäuel aus
den vielen einzelnen Schmerzen, Tränen, Erinnerungen,
schrecklichen Geschichten all dieser Frauen. Nichtsdesto-
trotz war es am Ende eine außergewöhnliche Erfahrung.
Und somit wäre ich nicht die, die ich heute bin, wenn da
nicht auch dieser Krebs gewesen wäre, der mich mit siebenundfünfzig Jahren erwischt hat. Er hat mich gezwungen,
den Körper, den ich so lange vernachlässigt hatte, vollkommen anzunehmen, die Chemotherapie als eine Waffe gegen
meinen Vater zu betrachten, gegen die Vergewaltiger, gegen
die Mörder, und mich selbst auf eine höhere Bewusstseins-
stufe zu bewegen.

*Was tun Sie also mit diesem neuen Schwung? Mit dem neuen
Leben?*
So vieles ist passiert! Ich habe ein Buch geschrieben, Theaterstücke, Artikel. Es freut mich immer unglaublich, wenn
ich in der *Stadt der Freude* Frauen treffe, die sich für Veränderung einsetzen und Verantwortung übernehmen in ihrem
Engagement.
Die Welt wird aufgerieben von Fundamentalisten jeglicher Art, Tyrannen, Faschisten, Populisten. Sie ist in keinem

guten Zustand. Darum müssen wir Wache halten, wir, die Überlebenden, die wissen, wie wir unseren Schmerz in Macht umkehren können, unseren Hass auf uns selbst in Handeln und unseren Scharfblick in Widerstand. Ja, ich versichere Ihnen, dass, wenn dieser kaputte Planet es schafft zu überleben, dann dank all dieser Frauen, deren Leid sie hartnäckig macht und zu Revolutionärinnen.

Cecilia Bartoli

Sie hat wenig Zeit – ist nur für ein paar Stunden in Paris – zwischen zwei Zügen, zwei Konzerten, zwei Arbeitstagungen. Aber sie ist so präsent, so offen, erzählt so lebendig, dass das Gespräch mit der italienischen Mezzo-Sopranistin, einem Opernweltstar, rasch zum Wesentlichen kommt. Sie blickt einen fest an mit ihren feurigen Augen und erzählt ihre Geschichte wie ein junges italienisches Mädchen, ganz natürlich und ausführlich, ohne jegliches Divengehabe.

Ich wäre nicht die, die ich heute bin, wenn …

Wenn Mama nicht die glänzende Idee gehabt hätte, an einem grauen regnerischen Nachmittag in Rom ein paar Stimmübungen mit mir zu machen. Ich war noch ganz jung, vielleicht dreizehn oder vierzehn Jahre alt, und sie schlug es mir wie ein Spiel vor. »Na los, Cecilia, komm schon, wir probieren mal etwas Lustiges aus!« Ich sagte: »Nein, ich habe keine Lust!« Aber sie setzte sich vergnügt ans Klavier: »Komm her! Nur zum Spaß!« Ich schlurfte hinüber: »Das ist euer Beruf, deiner und Papas, aber nicht meiner.« Sie lachte: »Na los! Komm an meine Seite! Du hast nichts Besseres zu tun. Es regnet, du gehst nicht raus mit deinen Freundinnen, also können wir uns auch ebenso gut zu zweit amüsieren.« So kam es. Sie hat es geschafft, mich an ihr Klavier zu locken. Einen Ton zu singen, dann noch einen und noch einen. Ich wäre also nicht die, die ich heute bin, wenn das Wetter an diesem Sonntag schön gewesen wäre.

Ihre Mutter hätte sicher auf den Winter gewartet. Denn sie wusste sehr wohl, was sie tat!
Das stimmt. Sie war listig! Und dabei äußerst intelligent und geschickt. Es war von Anfang an klar, dass ich ein musikalisches Gehör hatte. Aber von diesem Tag an war sie davon überzeugt, dass ich auch eine Stimme hatte. Sie musste mich nur dazu bringen, sie zu entdecken. Ohne dass ich mich dagegen sperrte. Denn ich träumte absolut nicht davon, Opernsängerin zu werden. Und meine Eltern, die beide Opernsänger waren, respektierten ihre drei Kinder so, wie sie waren, und hätten ihnen nicht irgendetwas aufgedrängt. Immerhin hatten sie uns alle, als wir noch ganz klein waren, dazu ermuntert, ein Instrument zu lernen. Ich hatte mir die Trompete ausgesucht, bevor ich später Klavierunterricht nahm. Daher auch meine Begeisterung für den Flamenco. Ich träumte sogar davon, eine große Tänzerin zu werden. Wie Sie sehen, war meine Zukunft überhaupt nicht vorgezeichnet. Ich war wie Cherubino in *Figaros Hochzeit*, der sich für tausend Dinge interessiert, herumwirbelt und wie ein Schmetterling von Blume zu Blume schwirrt.

Aber Ihre Kindheit war von der Musik geprägt.
Die Musik war meine Welt. Ich bin damit aufgewachsen. Mit vier Jahren habe ich in den *Aida*-Kulissen gespielt, während meine Eltern ein paar Schritte weiter auf der Bühne sangen. Da waren Styropor-Pyramiden, Palmen aus Pappe

und richtige Elefanten. Ich fand das alles großartig. Mit sechs Jahren hatte ich bereits mehrere wunderschöne Aufführungen gesehen. Und mit acht sogar selbst schon eine kleine Rolle als Hirte in *Tosca* gespielt. Die Oper war überall in meinem Leben, denn meine Eltern probten zu Hause, gaben einander das Stichwort und korrigierten sich gegenseitig. Das war ihr Ding, unbestritten, aber es hielt mich nicht davon ab, mich selbst für Pop- und Rocksänger zu interessieren. Mein älterer Bruder fand die Sängerin Rita Pavone toll, und wir sangen den ganzen Tag lang ihre Lieder. Und dann Pink Floyd, die Rolling Stones ... Damals hat Mama klug die Fäden gezogen. Hier und da eine kleine Übung. Nie zu lange. Gerade genug, um mich neugierig zu machen und mich herauszufordern. Ganz unauffällig. Wenn sie merkte, dass es mir Spaß machte, klappte sie das Klavier zu. »Schluss für heute. Wenn du Lust hast, machen wir morgen weiter!« Sodass ich am nächsten Tag diejenige war, die sagte: »Mama, können wir zehn Minuten singen, wenn du von der Arbeit nach Hause kommst?« Und aus den zehn Minuten mit spielerischen Übungen wurde eine Viertelstunde, eine halbe Stunde, eine Stunde ...

Sie hatten angebissen?

Ich habe vor allem angefangen, meine eigene Stimme wahrzunehmen. Und ich war erstaunt über das, was aus meiner Kehle kam. Es entsprach so sehr meiner Seele, dass ich ganz durcheinander war. »Na so was ... ich wusste gar nicht, dass ich in der Lage bin, so einen Ton zu erzeugen!« Mama sagte kaum noch etwas dazu, aber sie vertiefte die Übungen. Wir übten jetzt täglich, und zwar methodisch. Ich ließ nicht locker und machte rasch Fortschritte. Ich nahm Kurse am Santa-Cecilia-Konservatorium in Rom. Aber die ganze Stimmtechnik übte ich weiterhin mit meiner Mutter.

In dieser Stimme fand sich also Ihr ganzes Schicksal wieder …
Die menschliche Stimme fasziniert mich nach wie vor. Wie ist es möglich, dass ein paar kleine Bänder, die man zum Schwingen bringt, indem man pitipitipitipiti macht, Seelenzustände besser ausdrücken können als irgendein Instrument? Welches Geheimnis liegt im Gesang verborgen, dass er ein anderes menschliches Wesen erregen, berühren kann? Was sage ich da? Ein anderes Lebewesen, denn selbst Tiere lassen sich vom Gesang berühren. Wie ist diese Macht zu erklären, die mit ungeheurer Zerbrechlichkeit einhergeht?

Was macht für Sie eine schöne Stimme aus?
Das ist eine Stimme, die in der Lage ist, Gefühle erlebbar zu machen. Jenseits von Noten.

Und auch jenseits dessen, wovon der Komponist vielleicht geträumt hat?
Wie soll man das wissen? Die meisten Komponisten, die man heute singt, haben im achtzehnten oder neunzehnten Jahrhundert gelebt. Und es spielen so viele Faktoren eine Rolle. Manchmal ist es die ganz besondere Verschmelzung von Solisten und Orchester. Manchmal ist es die besondere Aufmerksamkeit des Publikums. Aber wenn plötzlich der begnadete Augenblick da ist, der heilige Moment, dann ist das wunderbar. Die Zeit steht still. Das Publikum hält die Luft an. Alle sind überwältigt. Und das ist besonders deutlich zwischen zwei Tempi zu spüren, in einer sogenannten

musikalischen Pause. Publikum, Sänger und Musiker harmonieren vollkommen. Ja, alle befinden sich im Stande der Gnade.

Und was bedeutet das?
Das bedeutet, man kann sagen, dass Gott existiert.

Denken Sie das?
Ich bin mir sicher! Wenn ich Bach höre oder Mozart, dann existiert Gott, das ist vollkommen klar.

Weil diese Musik nicht »menschlich« ist?
Ganz genau. Sie entspringt einer anderen Dimension. Sie übertrifft den Menschen. Ebenso wie hinter einem Gemälde von Caravaggio zwangsläufig etwas Göttliches steht ...

Demnach wäre die Oper heilig?
Aber ja! Die Oper ist eng mit Spiritualität verbunden. Überlegen Sie mal: Man geht dorthin wie in die Kirche, um etwas mit anderen zu teilen, am selben Ort, eine einzigartige Erfahrung. Und zwar nicht wegen der Geschichte, die uns erzählt wird. Die kennen wir in- und auswendig. Es geht nicht um die Spannung, höchstens um die Spannung im Hinblick auf die Interpretation der Musik. Und trotzdem weint man, wenn man *La Traviata* hört. Man weint, wenn Violetta im Sterben liegt, und auch schon vorher. Und *Norma*! Mein Gott! Man weint die ganze Zeit bei dieser Oper, obwohl man die Handlung kennt, das Drama, jeden einzelnen Satz. *Norma* erschüttert einen jedes Mal aufs Neue, wühlt einen auf, verschafft einem Zugang zu lauter intimen Gefühlen.

Sind es solche Augenblicke, die Sie lieben?
Ich versuche, die Figur zu sein. Ich spiele sie nicht. Ich bin die Figur. Und das bedeutet menschliche Freude und Leid, Liebe und Qualen intensiv zu erleben. Eine Sängerin hat das Glück, auf diese Weise viele Leben leben zu können. Die Vergänglichkeit des Daseins zu erforschen, die Facetten der Psyche. Jedes Mal, wenn ich eine Rolle interpretiere, habe ich den Eindruck, noch einmal geboren zu werden.

Wird man also mit dem Alter eine bessere Sängerin?
Davon bin ich überzeugt. Man hat selbst mehr Emotionen kennengelernt. Darum fließt mehr Wahrhaftigkeit ein in die menschlichen Gefühle. Und außerdem kennt man sein Instrument besser, seine Beweglichkeit, seine Kraft und auch seine Grenzen. Das kommt ja nicht von heute auf morgen. Ich musste sehr viel daran arbeiten, die Technik lernen, damit die Stimme keinen Schaden nimmt. Ich singe seit dreißig Jahren. Wir kennen uns also gut, meine Stimme und ich. Dazu kommt die Erfahrung aus der Zusammenarbeit mit Karajan, Barenboim, Harnoncourt, Abbado, Muti … Das gibt den Ausschlag!

Apropos, gab es eine entscheidende Begegnung zu Beginn Ihrer Karriere?
Ja, Barenboim. Das war von großer Bedeutung. Und noch dazu ist es eine schöne Geschichte. Stellen Sie sich vor, 1987 – da war ich einundzwanzig – wurde ich gebeten, für eine Künstlerin einzuspringen, die in der Opéra Garnier bei einem Abend zu Ehren von Maria Callas singen sollte. Die Gala wurde live im französischen Fernsehen übertragen und

von Ève Ruggiéri moderiert. Ich hatte wahnsinniges Lampenfieber und habe das Rondo aus *La Cenerentola* (dt.: *Aschenputtel*) unter Leitung von Georges Prêtre gesungen. Barenboim war damals gerade zu Proben in der Salle Pleyel in Paris. Als er an diesem Abend nach Hause kam, rief seine Frau Elena ihn vor den Fernseher. Er hatte überhaupt keine Lust, sondern wollte nur schnell etwas essen und sich dann ausruhen. Aber sie bestand darauf. Und am nächsten Tag hat er mich überall gesucht! Ich habe ihm vorgesungen, und durch seinen Ansporn habe ich damit begonnen, Mozarts Werke einzustudieren und zu singen.

Und Karajan?

Oh ja, er hat damals auch ferngesehen! Diese Welt ist ganz klein, wissen Sie, und wenn irgendwo eine junge Künstlerin auftaucht, wie eine Sternschnuppe, dann bekommen das alle mit. Karajan hat also Barenboim angerufen, um sich zu erkundigen, was er von mir hielte, und erfuhr, dass der mich bereits selbst gehört hatte. Und dann bin ich nach Salzburg gefahren für ein Vorsingen mit dem Maestro im großen Saal des Festspielhauses. Wieder so ein wahnsinniges Lampenfieber! Die Bühne war riesig, der Saal vollkommen dunkel, Karajan nirgendwo zu sehen. Aber seine Stimme kam aus einem Lautsprecher, in schlechtem Italienisch mit starkem deutschem Akzent sagte er: »Nun, Fräulein Bartoli, was werden Sie für mich singen?« Oh my God!

Was haben Sie da empfunden? Angst? Rausch?

Jugendliche Leichtfertigkeit, Lebendigkeit, Ehrlichkeit, all das lässt einen Dinge tun und Berge erklimmen, die man für unüberwindbar hielt. Ich hatte furchtbare Angst, aber ich war glücklich. Dort, wo ich hingehörte. Darauf aus, es gut zu machen, zu lernen, Fortschritte zu machen.

Man sagt Ihnen nach, Sie seien perfektionistisch. Und man hört, Sie seien immer die Letzte bei den Proben und würden das Theater mit dem Wachmann schließen.
Das stimmt! Ich bin sehr fleißig. Anspruchsvoll. Ich weiß, dass kompromissloses Gesangstraining notwendig ist. Und ich will immer bis zum Äußersten gehen bei den Proben.

Welche Art von Leben ergibt sich daraus?
Ein Leben, das ganz und gar nicht einfach ist. Am Anfang ist da eine Stimme, klar. Aber die Medaille hat auch eine Kehrseite. Man muss auch die entsprechende Persönlichkeit mitbringen. Und Disziplin. Man muss stark sein. Und belastbar. Wenn es ausreichen würde zu singen ... Aber Sängerin zu sein bedeutet nicht nur zu singen, sondern auch, sich jedes Mal auf der Bühne zweitausend erwartungsvollen Menschen gegenüberzusehen. Das muss man psychisch aushalten können. Dafür muss man innerlich verdammt stark sein.

Woher rührt Ihre Stärke?
Hand aufs Herz? Von meiner italienischen Herkunft. Und von meiner Großmutter Silvana, die als Bäuerin auf einem Bauernhof elf Kilometer von Parma entfernt lebte. Ich komme aus einer einfachen Familie, die den Krieg und große Armut erlebt hat. Aber in der die Frauen sehr stark veranlagt sind. Vielleicht vererbt sich diese Stärke.

Sie haben einmal gesagt, dass Ihre Lebensphilosophie in einer sehr schönen Arie von Händel zusammengefasst sei: »*Lass doch die Dornen, pflücke die Rosen.*«

Ja! Ich treffe die Wahl. Denn man hat ja häufig Anflüge von Traurigkeit. Und je älter man wird, umso häufiger. Glückliche Momente, Menschen, die nicht mehr da sind … Aber in Augenblicken tiefster Traurigkeit haben wir Musiker immer die Möglichkeit, mit der Musik herauszutreten. Sie umfängt uns. Sie zeigt uns, dass man weiterleben kann und muss. Das ist sehr wohltuend. Für alle Menschen. Auch Tiere sind eine große Hilfe. Sie bekommen unsere Gefühle mit wie niemand sonst. Sie bezaubern mich.

Fühlen Sie sich angesprochen von den vielen Frauen aus allen Bereichen, die das Wort ergreifen und Gewalt, Belästigung und Herrschaft durch Männer anprangern?

Natürlich! Ich selbst bin nicht schlecht behandelt worden. Die Oper scheint mir ein ziemlich geschützter Bereich zu sein. Aber nehmen Sie das Orchester! Es ist schon bemerkenswert, dass es noch immer zum Großteil aus Männern besteht. Auch die größten Orchester wie die Wiener Philharmoniker. Es werden vor allem Männer eingestellt, weil Frauen schwächer sind, verstehen Sie, Frauen bekommen Kinder, blablabla … Immer dieselbe Geschichte. Ganz zu schweigen von den Dirigenten, bei denen der Frauenanteil verschwindend gering ist. Wie bei allen leitenden Stellen in der Musik. Als ich 2012 zur Leiterin der Osterfestspiele Salzburg ernannt wurde, war ich die erste Frau nach einer ganzen Reihe von eher älteren männlichen Dirigenten. Männer wählen sich immer gegenseitig. Das ist unfassbar.

Sie sind versessen darauf, neue Erfahrungen zu machen, und niemand kann Sie darin bremsen!

Ich brauche Adrenalin, und ich liebe es, Neues auszuprobieren! Ich habe zum Beispiel gerade ein Barockorchester in Monaco zusammengestellt, Les Musiciens du Prince. Wir haben eine wunderbare Europatournee gemacht. Für die nächsten Salzburger Festspiele bereite ich ein Programm zum Thema »1868« vor, Rossinis Todesjahr, aber auch das Entstehungsjahr von Wagners *Meistersinger von Nürnberg* und *La Périchole* von Offenbach. Eine Epoche, die unglaublich viel zu bieten hat! Und ich werde wunderbare Künstler einladen. Sie sehen also, ich entfalte mich nicht nur als Sängerin. Aber ich habe auch gerade eine CD aufgenommen mit der unglaublichen Sol Gabetta, die mich inspiriert und die mir das Gefühl gibt, zusammen mit ihrem Cello zu singen.

Was glauben Sie, haben Sie im Laufe der Zeit gelernt, was Ihnen wichtig erscheint, weiterzugeben?

Ich habe gelernt, auf meine eigene Art Musik zu machen. Und ich habe gelernt, mir selbst zu vertrauen. Wie soll ich das sagen? Wenn ich die Musik eines Komponisten lese, spüre ich sofort, was man daraus machen muss, zumindest was ich daraus machen kann. Selbstverständlich höre ich mir die großen Sängerinnen der Vergangenheit an, ich berücksichtige, was bereits getan, gesagt, analysiert wurde. Aber danach mache ich es auf meine eigene Art. Ich folge meinem Weg. Und ich glaube, dass es äußerst wichtig ist, Widerstand zu leisten in einer globalisierten Welt, die darauf abzielt, alles zu vereinheitlichen, und in der die Mode und die sozialen Netzwerke quasi Befehle aussprechen, an die die Jugend sich anpasst. Es ist wichtig, sich nicht dem Diktat von standardisierter Schönheit zu beugen. Nein, das ist keine Schönheit. Schönheit findet man nur in sich selbst. Man muss authentisch sein, auf seine innere Stimme hören, der eigenen Intuition vertrauen. Das möchte ich den jungen Leuten gern sagen.

Hiam Abbass

*Die Schauspielerin, die 1960 als Palästinenserin in Israel in
der Nähe von Nazareth geboren wurde, lässt sich nicht in eine
Schublade stecken und nimmt für sich in Anspruch, vieles zugleich zu sein. Ihre Karriere mit mehr als vierundfünfzig Filmen in verschiedenen Ländern und Ausflügen ins Regiefach
macht aus ihr eine »Weltbürgerin«. Sie stellt sich nicht in den
Dienst einer bestimmten Sache, aber aus ihren künstlerischen
Entscheidungen spricht ein humanistisches Engagement und
ein ausgeprägtes Gespür für das Leid von Frauen.*

Ich wäre nicht die, die ich heute bin, wenn …
Wenn ich nicht meinen Vater gehabt hätte.

Diesen ganz bestimmten Vater.
Meinen Vater! Der vor Kurzem gestorben ist. Es ist seltsam, dass Sie mir diese Frage genau an diesem Punkt in meinem Leben stellen. Ich neige nicht zum Grübeln, aber durch
diesen Tod war ich gezwungen, noch einmal über alles
nachzudenken, was ich ihm verdanke. Ich habe seine Be-
stattung verpasst. Ich bin erst am nächsten Tag in unserem
Dorf in der Nähe von Nazareth angekommen. Ich wollte
möglichst schnell zu ihm gehen, an das noch frische Grab.

Und es hat mich zutiefst bestürzt. Dass nur das geblieben war von diesem Mann, der die Güte in Person war gegenüber anderen, seinen Kindern gegenüber aber Härte zeigte. Zu meinen Schwestern, die mich begleiteten, habe ich gesagt: Lasst mich allein. Ich brauchte etwas Zeit mit ihm. Ich habe kein Wort gesagt, aber ihm viele Gedanken geschickt. Was ich an ihm mochte und was ich nicht mochte. Was er mir gegeben hatte und was er mir nicht gegeben hatte. All diese Widersprüche, mit denen er mich geprägt und die mich dazu bewegt haben, das zu tun, was ich heute tue. Ja, ganz sicher, die, die ich heute bin, bin ich dank ihm oder weil er war, wie er war.

Güte, Härte ... Diese Wörter stoßen sich aneinander. Können Sie das genauer beschreiben?
Seine Güte kam aus seinem tiefsten Innern. Von ihr muss man als Erstes sprechen, denn er hat ganz viel gegeben. Wir alle in der Familie waren übrigens überrascht, wie sehr er gewürdigt wurde. Die Beileidsbekundungen kamen aus der ganzen Welt. Obwohl er weder Politiker noch berühmt war. Er war ein einfacher Lehrer, stellvertretender Dorfschulleiter. Aber er hat immer allen geholfen und Generationen von Kindern mit seiner Strenge geprägt. Man hielt ihn für einen Weisen, und er hat mit verhandelt über Mischehen und Lebensgemeinschaften, die zu Kriegen zwischen zwei Familien führten. Darum hatte ich damals mit zweiundzwanzig Jahren auch gedacht, dass er nichts gegen die geplante Ehe mit meinem englischen Geliebten haben würde. Natürlich war er kein arabischer Palästinenser und noch nicht einmal muslimisch wie meine Eltern, aber es erschien mir logisch, dass mein Vater mich in Anbetracht seiner Erfahrung als

Vermittler unterstützt. Doch das tat er nicht. Er war dagegen. Knallhart. Stur. Er war seit meiner Jugend daran gewöhnt, dass ich opponierte, aber dieses Mal sprengte ich die Grenzen dessen, was er akzeptieren konnte. Er war in seinem Stolz gekränkt.

Also haben Sie ihn überlistet.

Ich habe ihn mit seinen eigenen Mitteln geschlagen. Ich habe Leute, die von der Gemeinschaft angesehen waren, ein gutes Wort für mich einlegen lassen, wie er selbst es so oft für andere getan hatte. Und ich habe gesagt: »Du machst, was du willst, das ändert nichts an meiner Liebe für dich. Aber wenn du dieser Ehe in deinem Haus nicht zustimmst, dann werde ich sie anderswo schließen. Egal, was passiert!« Da hatte er keine Wahl mehr. Und ich habe gewonnen. Wir haben den Ehevertrag bei uns zu Hause geschlossen.

Warum war es Ihnen so wichtig, seinen Segen zu haben?

Tja! Wenn man als Frau dort lebt, kann man noch so sehr der Tradition entfliehen wollen und sich selbst einreden, man tue keinem weh, indem man dagegen verstößt, man braucht trotzdem Respekt. Man hat das Bedürfnis, dass diese Andersartigkeit, die man für sich beansprucht, vollkommen akzeptiert wird. Ich weiß, das ist widersprüchlich und ziemlich kompliziert. Aber ein unverheiratetes Mädchen steht immer unter Papas Einfluss. Und wenn der Papa ihr Verhalten missbilligt, dann ist das belastend, das kann ich Ihnen sagen. Selbst wenn sie allein wohnt, selbst wenn sie hinter seinem Rücken tut, was sie selbst für richtig hält. Als wäre sie mit einem Band an ihn gebunden, das sich beim kleinsten Schritt spannt. Sich seinen vorwurfsvollen Blick vorzustellen, lässt einen nachts vor Angst nicht schlafen. Man zermartert sich das Hirn. Der Einfluss ist immer da. Der Vater in einer arabischen Familie hat ungeheure Bedeutung! Der Vater. Der Vater!

Konnten Sie miteinander sprechen?

Ich habe es immer wieder versucht. Ich wollte, dass er seinen Panzer aufbricht, dass er sein Herz sprechen lässt. Aber dieser Mann, der so schön und so charismatisch war, hat sich einfach nicht zugestanden, seine Gefühle zu zeigen. Also habe ich ihn provoziert, ihn mit Fragen bedrängt, und zwar so sehr, dass er mir als Jugendliche den Spitznamen Aristoteles gab, später Pluto, womit er sagen wollte, dass meine Fragen philosophisch und in einer Gesellschaft wie der unseren unangebracht seien. Von zehn Kindern, davon acht Mädchen, war ich die Erste, die aus der Norm fiel und sich nicht seiner überlieferten Gedankenwelt gefügt hat. Und diese Eigenständigkeit war für ihn Grund, um stolz zu sein, und zugleich Quell der Angst. Nicht einfach, sich dazwischen zurechtzufinden!

War ihm schulischer Erfolg wichtig?

Er war von großer Bedeutung, bei den Mädchen genauso wie bei den Jungen. Meine Mutter war auch Grundschullehrerin, Sie können sich also vorstellen, wie hoch die Ansprüche waren. Faulheit wurde nicht geduldet. Am liebsten wurde es gesehen, wenn man Klassenbeste war. Und Lesen war Teil der Erziehung. Ich erinnere mich daran, wie mein Vater eines Tages mit einem Laster voller Bücherkartons nach Hause kam. Ich war sieben oder acht Jahre alt. Er hat einen nach dem anderen ausgepackt, die Bücher in Regale

gestellt, die eine ganze Wand bedeckten, uns zusammenge-
rufen und gesagt: »Die sind für euch!« Seitdem kann ich
mir kein Haus ohne Bücher vorstellen. Ich habe überall welche. Ich kaufe sie, ich sammele sie, ich weiß zwar nicht, ob
ich sie eines Tages alle lesen werde, aber sie sind da, und das
ist beruhigend.

Wie haben Sie sich damals Ihre Zukunft vorgestellt?
Als aktive Frau selbstverständlich. Man lernt schließlich
nicht, um Hausfrau zu bleiben. Meine Mutter war mit gu-
tem Beispiel vorangegangen. Aber das war nicht alles. Durch
ihre liebevolle und respektvolle Beziehung mit meinem Vater hat sie uns die solideste Lebensgrundlage gegeben, die
man sich denken kann, aber uns damit auch abgeschreckt,
die Norm zu brechen. Ich durfte auf keinen Fall in meiner
Ehe scheitern. Tja, und selbst diese Verpflichtung habe ich
nicht erfüllt. Können Sie sich vorstellen, wie schuldig ich
mich gefühlt habe?

*Diese Familiensituation hatte ja einen ganz bestimmten poli-
tischen und historischen Rahmen.*
Und was für einen! Ich bin in Nazareth in Galiläa geboren, nicht weit von der Grenze zum Libanon. Meine Mutter stammte aus Tiberias, weiter im Osten, aber durch den
Krieg mit den Juden musste ihre Familie fliehen. Und kurze
Zeit später folgte die Israelische Unabhängigkeitserklärung.
Als er Haus und Grund und sein gesamtes Hab und Gut
verloren hatte, ist mein Großvater mütterlicherseits mit der
ganzen Familie Richtung Norden geflohen und hat erst hinterher begriffen, dass es kein Zurück mehr gab, nachdem er
eine bestimmte Linie überschritten hatte. So sind sie mo-

natelang umhergeirrt, bevor sie sich in einem Dorf niedergelassen haben, in der Nähe von dort, wo ich aufgewachsen bin. Doch mein Großvater hat den Verstand verloren und starb, untröstlich angesichts all der Verluste. Seine Frau, meine Großmutter mütterlicherseits, die sieben Kinder hatte, war völlig orientierungslos, hat wieder geheiratet und damit den Zorn ihres ältesten Sohnes auf sich gezogen, der ihr das jahrelang übel genommen hat. All das löst ein großes Gefühlswirrwarr aus und gräbt sich tief ein ins Kindergedächtnis. Meine Großmutter väterlicherseits, die aus einer Grenzstadt stammte, aber in der Stadt ihres Mannes lebte, wurde durch den Krieg endgültig von ihrer gesamten Familie getrennt, die in den Libanon geflohen war und hinter der die Grenzen sich geschlossen hatten. Sie war für uns wie eine zweite Mutter, denn sie hat sich um uns gekümmert, wenn meine Eltern gearbeitet haben. Aber ich habe miterlebt, dass sie bis zu ihrem Tod den Schmerz über diesen großen familiären Kummer in sich trug. So war das. Das alles war mein Leben. Mit lauter Fragen nach dem »Warum«, die ich entweder unterdrückte oder auf die ich keine Antwort bekam. Mit Freiheitsträumen, zu denen mich die Bücher anregten. Mit dem immer stärker werdenden Verlangen, die Grenzen zu sprengen und davonzufliegen, weit weg. Aber davonzufliegen tut weh. Denen, die man zurücklässt. Und einem selbst. Dabei entsteht immer ein Riss.

Wann haben Sie die Freude am Schauspielern entdeckt?

Sehr früh! Ich liebte alle außerschulischen Aktivitäten, den Chor, die Pfadfinder, das Theater. Und als ich zum ersten Mal mit acht Jahren ein Stück vor der Schule und meinem Dorf aufgeführt habe, habe ich eine Mutter gespielt, die ihr Kind verlor. Ich muss lachen, wenn ich heute daran denke, denn ich habe damals traurig ein Kind im Arm gehalten, das genauso alt war wie ich selbst. Beim Applaus habe ich gesehen, dass alle weinen und nach Taschentüchern suchen. Ich habe mir gesagt: Wow! Das klappt ja! Und diese Freude hat sich in mir festgesetzt und mich lange begleitet. Aber als ich mit dem Gymnasium fertig war, träumten meine Eltern davon, dass ich Ärztin oder Anwältin werde, also habe ich mich an der medizinischen Hochschule eingeschrieben.

Die Rebellin hat es also nicht geschafft, ihre eigenen Träume zu äußern?

Unmöglich. Aber im Laufe des Jahres habe ich mich in einen Fotografiekurs reingemogelt. »Es geht um Leben oder Tod«, habe ich behauptet und wollte unbedingt den Leiter sprechen. Dann habe ich ihn angefleht: »Sie müssen mir helfen. Sonst werde ich mein Leben lang unglücklich sein.« Er hat mich sofort aufgenommen. Und etwas später, als ich noch einmal zu ihm gegangen bin, weil mir das Geld für einen Fotoapparat fehlte, hat er mir angeboten, die Klassenräume sauberzumachen, das sei die einzige Möglichkeit. So habe ich meinen Lebensunterhalt verdient. Bevor ich Fotografin wurde bei einer Zeitschrift in Jerusalem und anschließend an der Universität in Bir Zait mitten im Westjordanland. Eine interessante Erfahrung: Ich, die Palästinenserin aus Israel, kam endlich ins Herzstück dessen, was man Palästina nannte. Als ob ich den palästinensischen Teil in mir erkunden musste. Danach habe ich mich allmählich Richtung Theater entwickelt. In Jerusalem. Danach in Haifa. Und später in London, weil ich langsam erstickte. Bevor ich mich in Paris niedergelassen habe, wo ich noch einmal ganz von vorn angefangen habe. Mit achtundzwanzig Jahren.

Wie würden Sie also Ihre Identität beschreiben?

Vielschichtig! Eine Identität, die deutlich komplexer ist, als es mein Pass erkennen lässt, der lediglich eine Erlaubnis ist, um die Grenzen zu passieren. Ich habe mich immer den Schubladen verweigert, in die man mich stecken wollte. Ich ersticke darin, und ich habe nie aufgehört zu kämpfen, in jeder Lebensphase, um frei und anders sein zu können. Ich bin in einer Region geboren, die vom Konflikt geprägt ist. Einem komplizierten, facettenreichen Konflikt. Darum sind mir bequeme Lösungen und einseitige Vorstellungen zuwider. Schwarz oder weiß, das interessiert mich nicht.

Die Schauspielerin Ronit Elkabetz, die Sie gut kennen, hat erklärt: »Ich könnte nicht die sein, die ich bin, ohne Israel in mir.« Würden Sie dasselbe über Palästina sagen?

Nein! Das wäre viel zu reduziert. Natürlich ist Palästina in mir, aber auch Israel und Frankreich, wo ich lebe, und außerdem mein Vater, meine Mutter, meine Töchter, mein Ex-Mann, Jean-Baptiste Sastre, mit dem ich viele schöne Projekte gemacht habe, die Mitglieder der Emmaus-Bewegung, die daran mitgewirkt haben … Und alles, was mich bis heute antreibt und nährt. Einschließlich meiner Rollen und all dieser Charaktere, deren Identitäten ich annehme und die meine eigene in den Hintergrund drängen.

Fühlen Sie sich nicht verpflichtet, eine Art Sprachrohr für Palästina zu sein?

Ich fühle mich zu gar nichts berufen und bin Sprachrohr

von nichts und niemandem. Palästina ist zu belastend. Ein arabisches Sprichwort besagt:»Die Leiter trägt man nicht waagerecht.«Ansonsten verkantet sie sich. Na ja, und Palästina, das ist wie eine waagerechte Leiter. Und ich belasse es dabei. Oder ich nehme sie, stelle sie aufrecht hin und gehe mit ihr, wohin ich will. Aber dann bin ich es, die darüber entscheidet. Nicht umgekehrt.

Hat Ihr Vater am Ende alles akzeptiert, wofür Sie sich entschieden haben?

Ich wusste es nicht bis zu jenem Tag im Jahr 2004, als jemand, der das Making-of für den Film *Die syrische Braut* drehte, mich zusammen mit meinen Eltern filmen wollte. Ich habe ihnen also angekündigt, dass wir kommen, und wir sind zusammen in unser Dorf gefahren. Er hat seine Kamera herausgeholt und mich in einer etwas schäbigen Kulisse zwischen meinen Vater und meine Mutter gesetzt und sich dann an meinen Vater gewandt:»Was halten Sie von dem Beruf Ihrer Tochter?«Schlau, wie er war, hat mein Vater zunächst versucht auszuweichen:»Fragen Sie sie selbst!« Aber der Mann beharrte:»Ich würde gern Ihre eigene Meinung hören.«Da hat mein Vater sich darauf eingelassen.»Ich bin ein alter Mann. Aber ich bin vor allem ein religiöser Mann, der gläubig ist und seine Religion ausübt. Der Beruf meiner Tochter verstößt also gegen all meine Überzeugungen. Nur ist es eben so: Sie ist meine Tochter. Und ich liebe sie. Sie trifft ihre eigenen Entscheidungen. Ich bin nicht derjenige, der Bilanz zieht. Sie selbst wird am Ende ihrem Gott gegenüberstehen.«

Ich bin augenblicklich wieder klein geworden, ganz klein, als ich begriffen habe, dass mein Vater da gerade mit ein paar Sätzen all das sagte, was er in seinem ganzen Leben nicht geschafft hatte, zum Ausdruck zu bringen. Liebe. Toleranz. Wie dumm war ich nur gewesen! Wie hatte ich nur bis dahin nichts über diesen Vater begreifen können! Ich bin auf den Balkon gegangen und habe geweint. Wie ein kleines Mädchen.

Angélique Kidjo

Sie ist in Benin geboren und hat in den renommiertesten Kon-
zertsälen der Welt gesungen, aber auch in Stadien, auf öffent-
lichen Plätzen und bei Großdemonstrationen. Die Zeitschrift
Time *hat sie als »erste Diva Afrikas« bezeichnet, und sie steht*
auf der BBC-Liste der fünfzig afrikanischen Ikonen. Aber dass
sie ein Star ist und ihre Welthits die Massen zum Tanzen brin-
gen, ist längst noch nicht alles. Sie ist die »kleine Schwester«
von Miriam Makeba und kämpft engagiert und tatkräftig für
verschiedene Anliegen.

Ich wäre nicht die, die ich heute bin, wenn …

Wenn mein Vater mich nicht zur Schule geschickt hätte. Er war so ruhig, so würdevoll, hatte einen so trockenen Humor, aber wenn es um Bildung ging, konnte er wütend werden wie ein Löwe. Nulltoleranz für den Unsinn, den die Menschen verzapften, wie Rassismus oder Antisemitismus. Darum war es ihm auch wichtig, dass seine Töchter genauso eingeschult wurden wie seine sieben Söhne. Um die Vielschichtigkeit der Welt zu begreifen und freies Denken zu lernen. Er hat mir gesagt: »Ich habe nur ein kleines Gehalt; und deine Mutter ist sehr einfallsreich, damit ihr drei Mahlzeiten am Tag bekommt und eure Schule, eure Bücher, eure Uniformen bezahlt werden können. Denn der einzige Reichtum, den ich euch bieten kann, ist Bildung. Was ihr hinterher damit macht, entscheidet ihr selbst. Aber ich will verständige Männer und Frauen aus euch machen.«

Er gehörte zu diesen aufgeklärten Menschen …
Er war weise. Ich wünschte, alle Mädchen in Afrika hätten dieses Glück und Väter, die begreifen, dass sie Außergewöhnliches leisten können, wenn man ihnen die Möglichkeit gibt, ihre Flügel zu entfalten. Papa hatte beschlossen, in unserem Haus in Cotonou solle Freiheit herrschen. Er kümmerte sich nicht darum, was wir zwischen den Mahlzeiten machten, vorausgesetzt, unsere Hausaufgaben waren vor dem Schlafengehen fertig. Die einzige Pflicht: sich gemeinsam zum Frühstück, zum Mittagessen und zum Abendbrot zusammenzufinden. Denn an unserem großen Tisch wurde diskutiert. Und ich kann Ihnen sagen, das war lebhaft, ein echter Schlagabtausch! Über alle Themen: Religion, Drogen, Sexualität. Mein Vater ermutigte uns zu diskutieren, und mein Bruder Yves hielt sich nicht zurück, protestierte immer. Papa ließ ihn machen. »Solange es logisch ist und man sich gegenseitig respektiert, mach nur weiter! Na los, her mit deinen Argumenten!« Wir lachten. Das war fröhlich und frei.

Eine Großfamilie mit zehn Kindern, das war sicher nicht ganz leicht!
Diese Frage habe ich Maman vor Kurzem auch gestellt: Wie hast du das gemacht mit zehn Gören? »Ich habe gar nicht drüber nachgedacht«, hat sie geantwortet. Die Tage waren durch Mahlzeiten und Schule strukturiert. Und in

den Ferien haben alle mitgeholfen, und jeder war mal dran mit Kochen. Jungs und Mädchen. Die alten Tanten waren beunruhigt:»Du wirst noch Mädchen aus deinen Jungs machen!« Aber meine Mutter blieb standhaft:»Es steht nirgendwo geschrieben, dass eine Frau die Sklavin eines Mannes sein soll.« Und uns erklärte sie:»Als ich euren Vater geheiratet habe, wusste er noch nicht mal, wie man Wasser kocht! Und oftmals hat er fast das Haus in Brand gesteckt, wenn ich ihn um einen Gefallen gebeten habe. Ich will nicht, dass auch nur eine einzige von meinen Schwiegertöchtern denselben Albtraum durchstehen muss wie ich. Meine Söhne sollen alles können!« Und das können sie auch. Meine Brüder können einkaufen, kochen, nähen, Haare schneiden … Glauben Sie mir, das gibt es nicht so oft in Benin.

Das war feministisches Denken.

Selbstverständlich! Maman war sehr modern. Sie gehörte zu einer Gruppe, die sich dafür stark machte, dass Frauen das Wahlrecht bekamen, ihren Partner selbst wählen konnten, abtreiben durften. Ich erinnere mich, wie die Vorsitzende dieser Gruppe mich eines Tages auswählte, um mit ihnen zusammen ein Lied von Miriam Makeba zu singen, zu dem sie ihren eigenen Text verfasst hatten:»Tut den Frauen nichts zuleide, quält sie nicht. Ihr sollt sie achten, denn eine Frau ist ein Schatz.« Ich war acht Jahre alt, und ich fühlte mich ungeheuer stark mit all diesen Frauen zusammen zu singen, die so schön waren in ihren Boubous und mit den bunt gefärbten Haaren. Seitdem habe ich mein ganzes Leben lang Musik mit Frauenemanzipation verbunden.

Das Patriarchat war in dieser Gesellschaft besonders bedrückend.

Wie überall! Maman hatte übrigens einen Verein für Einzelkinder gegründet, Akogo, weil sie gesehen hatte, wie einsam ihre Mutter und auch ihre Schwiegermutter aufgrund des Patriarchats gewesen waren. Meine Großmütter sind beide mit fünfunddreißig Jahren Witwe geworden. Traditionsgemäß musste die Frau in so einer Situation den Bruder oder den Cousin des Verstorbenen heiraten. Doch die beiden weigerten sich: »Einverstanden, dass man mit einem Mann auch seine Familie heiratet. Aber mit einem seiner Verwandten das Bett zu teilen, kommt nicht infrage!« Von da an hatten sie keinerlei Unterstützung mehr. Sie mussten sich selbst irgendwie mit ihren Kindern durchschlagen. Und genau das haben sie getan, indem sie eigene Geschäfte eröffnet haben. Die Frauen in meiner Familie sind stark.

Sie stehen ihnen in nichts nach!

Als kleines Mädchen war ich ständig unter Strom. Ein drehender Derwisch. »Du machst mich ganz schwindelig!«, sagte Maman. Ich hatte eine verrückte Lebensenergie in mir und war, bis ich zwölf war, davon überzeugt, ich sei ein Junge. Kleider, Lackschuhe und weiße Söckchen, was für ein Horror! Am liebsten war ich barfuß. Um auf Bäume zu klettern, Fußball zu spielen, meinen Brüdern nachzulaufen. Puppen mochte ich überhaupt nicht. Es gab so viele andere faszinierendere Spiele. Ich war so neugierig, dass ich den Spitznamen »Wannwaswie« bekam. Was ist das denn? Warum heißt das so? Wie macht man das? Wenn ich mit all meinen Fragen ins Dorf kam, wurden meine Onkel und

Tanten ganz verrückt. Nur mein Onkel Koussa war begeistert, dass ich so neugierig auf unsere Traditionen war. Ich fand das ganz normal. Bei uns gibt es schließlich nichts Schriftliches. Wenn du keine Fragen stellst, hast du keine Ahnung!

Und Sie haben gesungen!

Schon immer. Wie mein Vater versicherte, schon bevor ich den ersten Satz gesprochen habe. Wenn ich irgendwo Musik hörte, ließ ich alles stehen und liegen, und schwupp lief ich los. Ich musste herausfinden, woher das kam. Nichts konnte mich aufhalten.

War das eine Familientradition? Eine besondere Begabung?

Als meine Mutter mit mir schwanger war, hat sie zu allen Göttern gebetet, dass ich ein Mädchen werde. Mein Vater sagte: »Warum schaust du mich an? Ich entscheide das schließlich nicht!« Aber sie sagte ihm immer wieder: »Ich will ein Mädchen!« Mein Vater machte sich lustig: »Magst du Jungs etwa nicht?« Und meine Mutter regte sich auf: »Hör mal! Wie viele Jungs habe ich dir schon geschenkt? Fünf!« Damals war eine Tante wegen gesundheitlicher Probleme bei uns in Cotonou zu Besuch, die Rossignol, also Nachtigall, genannt wurde und die traditionelle Familienlieder hütete. Und jeden Tag sang sie mit dem Mund am großen Bauch meiner Mutter und sagte: »Du wirst ein Mädchen bekommen, und sie wird singen.« Tja, und ihre Lieder sind auf geheimnisvolle Weise in meinen Kopf gelangt. Als ich sie als kleines Mädchen sang, waren alle fassungslos: Aber woher kennst du das? Ich antwortete: »Ich weiß nicht ...«

Wann haben Sie begriffen, dass Sie daraus einen Beruf machen würden? Mehr als einen Beruf übrigens, eine Lebensweise, ein Engagement?

Mit neun Jahren habe ich erfahren, dass es Sklaverei gibt. Und mit fünfzehn von der Apartheid in Südafrika. Das war auf einem nigerianischen Fernsehsender, den wir reinkriegten und auf dem Winnie Mandela über ihren Mann sprach und über seinen Kampf gegen das rassistische Regime. Das war ein unglaublicher Schock. Als ob die Welt und die Werte, nach denen meine Eltern uns erzogen hatten, plötzlich einstürzten. Ich war beunruhigt und empfand tiefen Schmerz. Was für eine Ungerechtigkeit, sagte ich mir. Man sollte sich wegen seiner Hautfarbe schämen oder Angst deswegen haben? Das war unvorstellbar.

Ich habe sofort ein Lied geschrieben, das hieß *Azan Nan Kpé*, »der Tag wird kommen«. Mein Vater hat es sich angehört, mir in die Augen geschaut und gesagt: »Ich verstehe, was du fühlst. Aber für Hass und Gewalt ist kein Platz in diesem Haus. Deine Rolle als Künstlerin ist nicht, Öl ins Feuer zu gießen, sondern die Leute zu vereinen. Also, entweder schreibst du dein Lied noch einmal um und ziehst etwas Positives aus dem Schmerz, den ich in deinen Augen sehe, oder du singst nie wieder.« Ich habe noch einmal von vorn angefangen und mein Lied vollkommen verändert. Damals wurde mir zum ersten Mal bewusst, dass Künstler eine Verantwortung haben, und das hat mein ganzes Leben beeinflusst.

Empfanden Sie das damals schon als Ihre Aufgabe?

Ungerechtigkeit ist das, was mich am meisten erschüttert, seit ich ein kleines Mädchen war. Sie ist mir unerträglich.

Im Kindergarten kam es vor, dass ich mich prügelte, wenn ein Kind das Spielzeug eines anderen nahm. Und alle Streitigkeiten, in die ich im Laufe der Jahre verwickelt war, hatten mit diesem Ungerechtigkeitsempfinden zu tun. Und dann hat mein Vater mir beigebracht, dass es ein Zeichen für totales Scheitern war, meine Fäuste zu benutzen. Man muss mit dem Gehirn kämpfen. Pazifistisch. Darum bin ich auf die Idee gekommen, Fachanwältin für Menschenrechte zu werden. Oder eben Sängerin, wie Miriam Makeba, deren Lieder stark waren und sehr politisch.

Sie sind bereits sehr früh auf den Bühnen in Benin aufgetreten. Mit neunzehn Jahren hatten Sie sogar schon eine Platte herausgebracht.

Innerhalb einer Nacht aufgenommen! Das Coverfoto hatte mein Bruder Alfred im Fotoatelier meines Vaters geschossen, meine Mutter das Kleid entworfen. Die Platte wurde auf allen westafrikanischen Sendern so oft gespielt, dass ein sehr renommierter Produzent bereit war, ein großes Konzert in Togo zu organisieren, bevor er seine Zusage zwei Monate vorher wieder zurückzog: »Franck, es tut mir leid«, sagte er zu meinem Vater. »Ich finde die Stimme deiner Tochter großartig. Aber sie ist wirklich zu klein, niemand wird sie sehen auf der Bühne. Da will ich nichts investieren.« Mein Vater wurde wütend: »Weißt du eigentlich, wie dumm das ist, was du da sagst? Woher weißt du, dass Künstler groß sein müssen? Bemisst du Talent etwa an der Größe?« Und dann hat er, der Postbeamte, der keine Ahnung von Musikförderung hatte, sich selbst der Herausforderung gestellt. Und die gesamte Familie hat mitgezogen. Er hat T-Shirts in Auftrag gegeben, die Einladungen noch einmal gemacht, mit eigener Hand die Konzertplakate geändert, seine Ersparnisse investiert. Das Konzert hat tatsächlich stattgefunden und eine Riesenmundpropaganda ausgelöst, mit der meine Karriere in Afrika begonnen hat.

Und trotzdem haben Sie sich entschieden wegzugehen.

Ich hatte keine Wahl mehr. Unter dem marxistischen Regime gab es keinerlei Meinungsfreiheit, und die Diktatur hatte jeden Bürger zum potenziellen Spion gemacht. Jeder verdächtigte jeden, sogar innerhalb der Familien. Und die Künstler wurden dazu eingespannt, Lobeshymnen auf die Revolution zu schreiben und zu singen. Da habe ich nein gesagt. Nicht mit mir. Ich musste also weggehen. Die Familie hat meine geheime Flucht nach Paris organisiert. Am 10. Oktober 1983. Da war ich dreiundzwanzig Jahre alt.

Sie kamen aus Benin, aber Sie waren Französin!

Ja. Ich war zwei Wochen vor der Unabhängigkeit Benins geboren worden und somit rechtmäßig ebenso französisch wie diese Pariserinnen, die mein Lächeln in der Metro nicht erwiderten und nicht begriffen, dass eine Schwarze dieselbe Nationalität hatte wie sie selbst. Der Anfang war schwer. Ich hatte Hunger und habe gefroren. Ich habe lauter Gelegenheitsjobs gemacht. Aber ich hatte das Glück, dank eines genialen holländischen Jazzpianisten, der afrikanische Musik liebte, oft auf der Bühne zu stehen, und gleichzeitig habe ich eine Jazzschule besucht. Dort habe ich Jean getroffen, der Philosoph und Musiker war, mit dem ich an einem Abend bei der Fête de la Musique zusammen gesungen habe.

Und mit dem Sie seit dreißig Jahren verheiratet sind.
Die Leidenschaft, die wir füreinander empfanden, mischte sich mit unserer brennenden Leidenschaft für die Musik. Wir hörten gar nicht mehr auf zu reden, zu spielen und zu komponieren. Wir teilten alles. Und unsere Familien waren letztlich gar nicht so verschieden, wie es den Anschein hatte. Seine Eltern waren Lehrer und links und genauso offen und gutmütig wie meine, und meine Hautfarbe war ihnen egal.

Unsere Beziehung gründet sich auf vier Prinzipien: 1) Liebe ist nur möglich, wenn man den anderen absolut respektiert. 2) Nie verärgert schlafen gehen, Probleme werden geklärt, bevor das Licht ausgeht. 3) Man verlangt vom anderen nicht, sich zwischen Familie und Freunden zu entscheiden. 4) Immer die Freiheit des anderen achten und sich Zeit nehmen, um gemeinsam auch das kleinste Problem zu diskutieren. Ich wäre niemals eine Beziehung eingegangen, ohne vorher die Grundlagen zu legen. Hinterher ist es zu spät.

Sie wurden schon bald eingeladen, im Vorprogramm ihrer musikalischen Ziehmutter, Miriam Makeba, im Olympia zu spielen, ein renommiertes Plattenlabel hat Sie unter Vertrag genommen, und Begegnungen mit lauter großen Musikern reihten sich aneinander: James Brown, Peter Gabriel, Carlos Santana, Celia Cruz, Alicia Keys …
Manchmal werde ich gefragt, warum ich in meinem Beruf so großzügig bin und warum ich so viele Leute auf die Bühne einlade. Aber das kommt daher, dass ich mich erinnere! Ich erinnere mich, dass die Leute mir die Hand gereicht haben, als ich noch ganz am Anfang stand. Ich bin nicht im Geist von »nehmen nehmen nehmen« erzogen wor-

275

den. Meine Großmutter hat immer zu mir gesagt: »Wenn du gibst, bekommst du mehr zurück!« Das ist so wahr. Und von manchen Begegnungen zehrt man. Von denen mit Künstlern, die trotz ihres Talentes bescheiden geblieben sind, die unbestechlich sind, etwas zu sagen haben und Werte vertreten. Von denen mit großen Persönlichkeiten wie Nelson Mandela und Desmond Tutu, die immer aus tiefstem Herzen das Wort ergriffen haben und neben denen ich mich so klein fühle.

Welche Themen sind Ihnen beim Singen besonders wichtig?
Die Menschenrechte. Dem ersten Artikel der Allgemeinen Erklärung der Menschenrechte zufolge sind alle Menschen frei und gleich an Würde und Rechten geboren. Aber dieser Artikel wird ständig verhöhnt. Und das empört mich. Das Patriarchat spricht Frauen grundlegende Rechte ab, obwohl die schlimmsten Machos einen Tobsuchtsanfall kriegen, sobald man ihrer Mutter etwas antut. Wie schizophren! In meinen Liedern geht es um Frühehen, Zwangsheirat, Gewalt in der Ehe. Aber auch um Freundschaft und die Solidarität, die uns miteinander verbindet. Ich singe auch über Kinder, über Meinungsfreiheit, politische Gerechtigkeit für die Opposition … Zu singen und dabei eine Botschaft zu vermitteln gibt meinem Leben Sinn.

Und bei fast jedem Konzert sprechen Sie die Sklaverei an.
Weil diese Geschichte noch nicht aus der Welt ist. Und nie richtig erzählt worden ist. An den Afrikanern wurde ein Verbrechen verübt, das noch immer verstärkt wird, indem diesem Volk das Recht auf seine eigene Geschichte abgesprochen wird. In Afrika lebt man nicht. Man überlebt. Da-

rum war ich es mir schuldig, als ich 2007 meine Auszeichnung bei den Grammys auf der Bühne abholte, alle daran zu erinnern, dass Afrika die Wiege der Menschheit ist.

Im Jahr darauf wurde Barack Obama zum Präsidenten der Vereinigten Staaten gewählt, und Sie waren eingeladen, um am Abend seiner Amtseinführung zu singen …
Was für eine Freude! Was für ein Optimismus! Ich hatte den Eindruck, dass die Welt sich endlich in die richtige Richtung bewegte. Dieses Paar war begnadet. Und Michelle Obama hat mich überwältigt, als ich sie im Weißen Haus nach ihrer Rede über die von Boko Haram entführten jungen Mädchen getroffen habe. Wir haben viel darüber gesprochen, was möglich ist, um die Bildung junger Mädchen in den verschiedenen Gemeinschaften zu erleichtern. Denn das liegt mir im Grunde am meisten am Herzen mit meiner Stiftung Batonga, die Hunderte von Stipendien an Schülerinnen vergibt, um ihnen eine weiterführende Schulbildung zu ermöglichen. Sie müssen in Führungspositionen kommen, das Schicksal Afrikas beeinflussen. Die Frauen sind das Rückgrat des Kontinents.

Und die Wahl von Donald Trump?
Dieses Mal hat es gutgetan, am Tag nach der Amtseinführung zu singen. Das war am 21. Februar 2017 beim großen Protestmarsch der Frauen, und das hatte eine reinigende Wirkung, denn seit der Wahl im November waren Jean und ich völlig niedergeschlagen. Von Trauer und einer Ungläubigkeit, die uns ohnmächtig machte. Und dann wurde dieser Marsch in Washington organisiert. All die Frauen, die aus Minneapolis, aus Seattle, aus New Orleans

kamen, aus allen Ecken der Vereinigten Staaten, um zusammen zu marschieren und Angst, aber gleichzeitig auch ungeheure Entschiedenheit zu demonstrieren. Das war herrlich, und irrsinnig. Angela Davis war da, Gloria Steinem, Alicia Keys, Cher, Madonna, mehrere Generationen von Aktivistinnen und Künstlerinnen, allesamt mitreißend und solidarisch. Als ich auf die Bühne gestiegen bin und das Lied von Sam Cooke *A Change is Gonna Come* angestimmt habe, spürte ich, wie eine Welle durch die Menge ging, von der ich nicht einmal sehen konnte, wo sie endete. Ich musste mich sehr beherrschen, um nicht zu weinen. Ich habe mir gesagt, wenn es einen guten Gott gibt, dann zeigt er sich hier. Denn da war Liebe, Glaube, Solidarität. Und dieser Augenblick war einfach magisch.

Man trifft Entscheidungen im Leben. Manche können verheerend für die Karriere sein, aber man muss sie einfach treffen. Ich bleibe den Werten meines Vaters treu, der mich in meiner Erinnerung begleitet. Und ich mag dieses amerikanische Sprichwort sehr, das so schwer zu übersetzen ist: »If you don't stand for something, you will fall for anything.«

Françoise Héritier

Als erste weibliche Anthropologin am Collège de France hat sie sich in ihrer Forschung hauptsächlich den Grundlagen der hierarchischen Geschlechterbeziehungen gewidmet und uns die wichtigsten Werkzeuge an die Hand gegeben für ein feministisches Denken. Das Treffen findet bei ihr zu Hause in einem Pariser Arbeiterviertel statt, wenige Tage vor ihrem Tod am 15. November 2017. Sie empfängt mich herzlich, ist glücklich über das Gespräch, etwas weitergeben zu können, ihre klaren Gedanken zu teilen; und überrascht, wie sie sagt, dass so viele junge Frauen sie wie ein Orakel befragen. Sie lacht bei dem Gedanken – freundlich, natürlich, wohlwollend. Und die Fröhlichkeit in ihrem sanften Blick bringt den Raum zum Strahlen.

Ich wäre nicht die, die ich heute bin, wenn …

Wenn ich nicht sehr neugierig geworden wäre, als mir Studienkollegen aus der Philosophie von einem vollkommen »außergewöhnlichen« Seminar bei einem Professor erzählten, dessen Name ich noch nie gehört hatte und der Claude Lévi-Strauss hieß. Ich war zwanzig Jahre alt, studierte Geschichte und Geographie, und sie waren so enthusiastisch, dass ich mit eigenen Ohren hören musste, was sich da in diesem Kurs der École pratique des hautes études ab-spielte, der an der Sorbonne gegeben wurde. Das war eine Offenbarung.

Worum ging es in diesem Seminar?

Um »Scherzverwandtschaften« auf Fidschi. Und ich ver-sichere Ihnen, für ein junges Mädchen aus der Provinz, das damals ein klassisches Studium absolvierte, war das wirk-lich verblüffend. Zu erfahren, dass es Gesellschaften gab, in denen Schwager sich unterschiedlich begrüßten und diese oder jene Art von Scherzen machten, je nachdem, ob sie die ältere oder jüngere Schwester des anderen geheiratet hatten, eröffnete mir völlig neue Sichtweisen auf die Welt, auf Vorstellungen und Bräuche, die ich nie für möglich ge-halten hätte. Das war sagenhaft aufgeschlossen und origi-nell. Im ersten Jahr habe ich mit großer Leidenschaft an dem Kurs teilgenommen. Vollkommen gebannt. Im dar-auffolgenden Jahr war es noch besser. Das Seminar befasste sich mit der rituellen Adlerjagd des nordamerikanischen In-dianervolkes Hidatsa. Sie können sich nicht vorstellen, wie faszinierend dieses Thema in einer Zeit war, in der es noch kein Fernsehen gab. Das war so viel besser als meine Ge-schichtskurse.

Sodass Sie sich umorientiert haben?

Oh ja! Auf einmal war ich mit meinen Gedanken ganz woanders, dabei musste ich meinen Abschluss in mittelal-terlicher Geschichte machen. Als Claude Lévi-Strauss eines Tages bekannt gab, dass das Institut für angewandte Hu-manwissenschaften einen Ethnologen und einen Geogra-phen für einen Afrika-Aufenthalt suchte, habe ich mich sofort für die Geographenstelle beworben. Aber man wollte mich nicht, weil ich eine Frau war. Wohlgemerkt: zu anfällig, nicht überlebensfähig angesichts der Hitze, des Salzwassers, der Mücken, der Schlangen, der Skorpione, der wilden Tiere. Kurzum, die Stelle blieb mehrere Monate lang vakant. Und nur, weil es keine Bewerbungen von männlicher Seite gab, hat man schließlich meine angenommen. Ich musste gute Miene zum bösen Spiel machen. Und so bin ich 1957 auf Dienstreise nach Obervolta gegangen. Und mein Leben hat sich dadurch vollkommen verändert.

War dies das erste Mal, dass Sie als Frau diskriminiert wurden?

In so ausgeprägter Weise, ja! Aber man muss dazusagen, dass ich vor der Universität auf Mädchenschulen gegangen bin. Keinerlei Rivalität mit Jungs also. Lediglich Auseinandersetzungen mit den Kerlen von einem Gymnasium in der Nähe meines eigenen an der Rue de Rome in Paris, die Schneebälle mit Steinen warfen oder sexistische Wortspiele von einer Straßenseite zur anderen hinüberriefen.

Keinerlei Unterschiede zwischen Jungs und Mädchen innerhalb der Familie?

Scheinbar nicht. Alle durften studieren, sowohl mein Bruder als auch seine beiden Schwestern. Alle bekamen dasselbe Taschengeld, das mein Vater feierlich in identischen Umschlägen verteilte. Aber die Diskriminierung vollzog sich schleichend. Es stand zum Beispiel gar nicht zur Debatte, dass mein Bruder den Tisch abräumte oder deckte. Ihm wurde jeder Wunsch von den Augen abgelesen. Und wenn wir in den Ferien auf dem Land waren, saßen meine

Schwester und ich im Hof, zu Füßen unserer Großmütter, und strickten Pullover und Strümpfe, während mein Bruder völlig frei mit seinen Freunden Fahrradfahren ging.

Sie durften nicht rausgehen?

Oh nein! Wenn wir mit dem Fahrrad losfuhren, dann nur in Begleitung unserer Großmütter. Sie erschienen uns alt, aber sie waren erst fünfzig und stiegen flink auf ihre Räder. Ich erinnere mich an einen Tag, an dem wir plötzlich davon besessen waren, unsere Großmutter mütterlicherseits abzuhängen. Wir rasten los wie die Irren, dann hielten wir an der Straßenböschung an, um auf sie zu warten. Nach einer ganzen Weile fuhren wir, da sie nicht kam, in die entgegengesetzte Richtung zurück und fanden sie auf dem Boden mit gebrochenem Handgelenk. Stellen Sie sich vor, wie schuldig wir uns fühlten!

War dieser Unterschied zu Ihrem jüngeren Bruder im Hinblick auf Rechte und Freiheiten für Sie ein Hinweis auf die männliche Herrschaft?

Oh, die ist mir schon sehr viel früher begegnet. Während des Krieges schickten meine Eltern uns in die Auvergne zu den Onkeln und Cousins meines Vaters, damit wir aufgepäppelt wurden und zunahmen, denn auf den Bauernhöfen gab es noch Butter, Milch, Eier ... Wir hatten viel Spaß fernab von Rationierung und Bombardierungen und hüteten Kühe, spielten mit der Ziege, fingen Flusskrebse, sammelten Glimmerstückchen auf den ungeteerten Straßen. Aber bei den Mahlzeiten nahm jeder seinen Platz nach einer unveränderlichen Ordnung ein. Am Tischende ließ sich der Bauer mit seinem Taschenmesser nieder, mit dem er den

Brotlaib schnitt. Gegenüber saß der erste Knecht, dann kamen seine Söhne, die noch sehr jung waren, die anderen Knechte, und dann ich, die kleine Cousine. Die Mutter und die Gattin? Die setzten sich nicht. Sie brachten die Gerichte, bedienten die Männer ... und aßen im Stehen die Reste der Mahlzeit. Den Kaninchenkopf oder das Gerippe vom Huhn. Nie ein Stück, das sie sich selbst aussuchten. Wenn wir Wasser brauchten, war ich es, die zur Quelle geschickt wurde, und nicht etwa einer der Knechte, obwohl es für sie leichter gewesen wäre, den Eimer zu tragen als für mich kleines Mädchen.

Fanden Sie das ungerecht?

Ich war empört! Aber es gab noch andere Dinge. Auf dem Absatz der Treppe, die zu den Schlafzimmern hinaufführte, hingen zwei Kitschbilder, die die Lebensaltersstufen für Mann und Frau darstellten. Eine Stufe für jedes Jahrzehnt mit einer dazugehörigen Zeichnung der Figur sowie einem schlechten Vers. Mit zwanzig Jahren sieht man, wie der Mann eine Ehefrau wählt; mit dreißig Jahren bewundert er seine Söhne; mit fünfzig Jahren feiert er mit ausgebreiteten Armen seinen Erfolg und »beherrscht Vergangenheit und Zukunft«. Dann nimmt er den Abstieg in Angriff, wissbegierig und lebhaft, spaziert durchs Land, lernt Welt und Menschen verstehen. Er stirbt zufrieden, weil sein Leben erfüllt war. Für die Frau hingegen liegt die Sache anders. Mit zehn Jahren ist sie ein unschuldiges Mädchen: »Das Leben ist für sie bezaubernd.« Mit zwanzig Jahren »öffnet sich ihr zartes Herz der Liebe«. Mit vierzig ist sie dankbar für die Hochzeit ihrer Kinder und die Geburt der Enkelkinder. Mit fünfzig Jahren und bereits gealtert »hält sie inne, das Enkelspiel erfreut die Sinne«. Und dann beginnt sie den Abstieg »im Schmerz«, gestützt auf einen Jungen, ihren Sohn oder Enkelsohn, und sie stirbt »trübselig«.

Das ist ja niederschmetternd!
Ich erzähle keine Märchen! Ich besitze diese Kitschbilder noch immer. Die unterschiedliche Bestimmung von Mann und Frau sprang mir jeden Tag ins Auge, und ich verstand nicht, was das heißen sollte: »Mit fünfzig Jahren hält sie inne«. Womit hält sie inne? Niemand konnte mir antworten. Erst später habe ich verstanden: Sie ist in den Wechseljahren, sie hält inne in Bezug auf die Fruchtbarkeit und ist nicht mehr verführerisch, sie hat jeglichen Wert verloren, im Gegensatz zum Mann, der im Vollbesitz seiner Kräfte ist. Das ist eine verdammt harte Lektion für ein Kind.

Nur, wenn man dazu in der Lage ist, das Ganze kritisch zu betrachten und sich darüber zu empören. Ansonsten ist es sexistische Propaganda, die den Verstand konditioniert!
Genau das ist das Problem. Als Kind sah ich, dass das Leben genauso ablief und dass das Kitschbild letztlich eine Art Normalität abbildete. Und gleichzeitig ergriff mich ein tiefes Ungerechtigkeitsgefühl beim Vergleich der einzelnen Lebensphasen von Mann und Frau. Und diese kleinen vernichtenden Sätze …

Wovon träumten Sie etwas später, als sie strickend zu Füßen Ihrer Großmütter saßen?
Ich versuchte, ihren Gesprächen zu folgen, die eigentlich nichts als Geschwätz waren. Das war das einzige Gebiet, auf dem sie sich verstanden, denn sie mochten sich nicht beson-

ders. Da sie genötigt waren, den Sommer über zusammenzuwohnen, redeten sie über alle möglichen Leute, vor allem über Hochzeiten. Die Lucette der Chevalères hatte bei der Hochzeit von Herrn Sowieso den Cousin ersten Grades von Frau Sowieso kennengelernt, der kein anderer war als der Bruder des Cousins ersten Grades ihrer Schwägerin … Ich gab mir große Mühe, den Weg durch das Labyrinth der Familienverhältnisse zu verfolgen, die Verwandtschaftsbeziehungen zu entschlüsseln, und ich fand das äußerst spannend. Aber das Interessante daran war, die Entwicklung der Protagonisten – die keinerlei Gesamtbild ergaben – zu verfolgen und die Beweggründe, die zu diesem Gefüge führten.

Sie beschäftigten sich also schon damals mit Ethnologie.
Ohne es zu wissen. Das hat mir eine Art intellektuelle Beweglichkeit verliehen, die mir später sehr nützlich bei meinen Verwandtschaftsstudien war. Ich glaube sehr an solche Prägungen, die wir aus der Kindheit mitnehmen.

Aber wie stellten Sie sich Ihre Zukunft vor? Waren Sie von bestimmten Rollen fasziniert?
Im Gegenteil! Manche Rollen machten mir Angst.

Welche?
Ich glaubte, ich sei zwangsläufig dazu verurteilt, Hausfrau und Mutter zu sein, ohne dass ich mich in diese Rolle hineinversetzen konnte. Unmöglich, mir vorzustellen, ich würde mein Leben damit verbringen, mich um ein Haus, einen Ehemann und Kinder zu kümmern. Nein, wirklich, das konnte ich nicht. Ich wusste nicht, was ich machen würde, ich wusste noch nicht einmal, dass es die Ethnolo-

gie gab. Aber ich beabsichtigte, unabhängig zu sein, selbst über mein Leben zu entscheiden, mich weder zwingen noch beherrschen zu lassen. Und ich schloss übrigens den Gedanken nicht aus, unverheiratet zu bleiben.

Was für ein Paar waren Ihre Eltern?

Genügsame Kleinbürger, die das bäuerliche Leben hinter sich gelassen hatten. Ich würde nicht sagen rundum zufrieden, aber davon überzeugt, das Bestmögliche erreicht zu haben, und nun war es an den Kindern, den Weg fortzusetzen. Der Erfolgsgedanke wurde übrigens in ihren Augen von meinem Bruder und meiner Schwester verkörpert, die Bergbauingenieur und Kieferchirurgin wurden. Allgemein bekannte Berufe, die Zuversicht vermittelten. Ich hingegen … Ich glaube, sie haben meine Fachkompetenz erst bei meiner Antrittsvorlesung am Collège de France 1983 begriffen, als ich die Nachfolge von Claude Lévi-Strauss antrat. Aber das war ziemlich spät.

Haben Sie Wert darauf gelegt, dass sie dabei waren?

Ja. Das mag egozentrisch klingen, aber es war wichtig, dass sie, nachdem sie so viele Zweifel geäußert hatten, mit eigenen Augen sahen, dass man auch etwas anderes sein konnte als Ingenieur oder Zahnärztin.

Haben Sie schließlich Bewunderung in ihren Augen gesehen?

Meine Mutter sagte weiterhin »mein armes Mädchen, deine Bücher sind nichts für mich«. Sie hat nicht eines gelesen.

Warum »mein armes Mädchen«? Sie waren erfolgreich, hatten sich entfaltet, wurden gelobt.

So nannte sie mich. Ich entsprach nicht ihrem Wunschbild, und sie verstand dieses Mädchen nicht, das sich nicht »zufriedengeben« wollte und einen Beruf wählte, der nicht um sechs Uhr abends endete.

Ein »armes Mädchen« mit Charakter! Haben Sie nicht mal aus einer Laune heraus die Tür zu Hause zugeknallt?
Sagen wir aus einem Drang heraus. In den Fünfzigerjahren war Wohnraum knapp in Paris. Und wir hatten unsere Unterkunft in Saint-Étienne gegen eine Wohnung in Paris eingetauscht, die nett, aber sehr eng für meine Eltern, meinen Bruder, meine Schwester, meine Großmutter und mich war. Doch wir hatten eine winzige Dienstbotenkammer, in die ich mein Bett gern stellen wollte, das war mein Traum. Meine Mutter war dagegen: Das hätte bedeutet, dass ich ohne ihr Wissen hätte kommen und gehen können. Das war nicht meine Art, aber man beobachtete Mädchen damals aufmerksam, wenn sie studierten. Ich flehte, ließ nicht locker, erklärte, ich könne nur schwer arbeiten neben meiner Schwester, die Radio hörte usw. Bis meine Mutter eines Tages tief gekränkt sagte: »Wenn du nicht zufrieden bist, musst du nur gehen!«

Und sind Sie gegangen?
Auf der Stelle! Ich war volljährig, ich war zweiundzwanzig Jahre alt. Ich bin zu einem Freund gegangen, dann habe ich ein Dienstbotenzimmer in der sechsten Etage eines Hauses in der Rue Gay-Lussac gemietet, mit Wasser auf halber Treppe. Und das war das reinste Glück. Ja, ich erinnere mich an diese Jahre, 1955, 1956, als eine herrliche Phase – Kameradschaft, Universität, die Entdeckung der Ethnolo-

gie, intellektuelle Abenteuer. Wir trafen uns jeden Abend als Gruppe in einem Café, Le Tournon, das mit Wandbildern vom Jardin du Luxembourg verziert war. Und ich erinnere mich fast ekstatisch an diese Augenblicke, wenn wir die Welt neu dachten, glücklich darüber, mit schwarzamerikanischen Musikern und Schriftstellern zu verkehren, die nach Frankreich emigriert waren. Das war lebendig, atemberaubend, kreativ. Wir spürten in vollen Zügen, dass wir lebten.

Und dann steuerten Sie Afrika an.

Ja. Und ich werde niemals den besonderen Moment vergessen, in dem ich zum ersten Mal die afrikanische Erde wahrnahm. Das war in Niamey, bei Sonnenuntergang. Als ich, gerade ausgestiegen aus der Caravelle, meinen Fuß auf das Rollfeld setzte, war ich bezaubert von dem kräftigen Geruch der Erde. Ein Geruch nach Humus und Staub. Ein warmer, scharfer, strenger, berauschender Geruch. Der einem in die Nasenflügel steigt und mit keinem anderen vergleichbar ist. Ich habe sofort gespürt, dass ich dort war, wo ich sein sollte. An meinem natürlichen Platz.

Hat die Arbeit im Dorf bei den Mossi und Panna Sie von Anfang an interessiert?

Ich wusste sofort, dass ich meinen Weg gefunden hatte. Michel Izard war der Ethnologe und ich die Geographin, aber wir haben die Aufgaben von Anfang an geteilt, und davon hatte ich geträumt.

Was für ein Glück, seinen Weg zu finden!

Das stimmt. Das war 1957, und das kann ich sechzig Jahre später noch immer bestätigen. Ich bereue nicht nur nichts, sondern ich würde, wenn ich noch einmal die Wahl hätte, die Gelegenheit wieder beim Schopf packen.

Es gibt so viele junge Leute, die alles Mögliche ausprobieren, ohne zu finden, was sie wirklich interessiert.
Wenn man so einen Glückstreffer hat, dann muss man ihn nutzen. Ich habe das meinen Studenten und vor allem meinen Studentinnen immer gesagt. »Traut euch! Legt los! Und lasst euch nicht ausbremsen von Problemen bei der Wohnungssuche, von der Familie oder wegen der Rentenpunkte.« Es hat mir immer leidgetan, junge Leute zu sehen, die auf das Abenteuer ihres Lebens verzichteten, weil sie nicht aufgeben wollten, was sie in Paris hatten.

Als Sie sich nach sechs Monaten in Afrika entschieden haben, den Ethnologen Michel Izard zu heiraten, hatten Sie da keine Lust, nach Paris zurückzugehen?
Überhaupt nicht. Das gehörte ja zu der besonderen Wahl, die wir beide getroffen hatten. Das war 1958, kurz vor der Unabhängigkeit, und der letzte europäische Kolonialgouverneur konnte uns im Bereich Tougan trauen, ganz einfach. Keiner von uns beiden hatte eine Schwäche für große Familienereignisse. Meine Schwester hatte kurz vorher geheiratet, sehr bürgerlich mit großem Trara, Kleid mit Schleppe und langem Schleier. Das stand außer Frage für mich. Das konnte ich nicht.

Auf den Fotos von Ihrer Hochzeit tragen Sie aber trotzdem ein hinreißendes weißes Kleid!
Ja, ich war hübsch. Ich hatte mir aus Paris ein weißes Prinzesskleid mit englischer Stickerei schicken lassen, und

ich trug lange weiße Handschuhe, die bis über die Ellenbogen reichten.

Nach Ihrer Beschäftigung mit Verwandtschaft, Heiratsallianzen, dem Körper und Inzest haben sie sich vor allem für die männliche Vorherrschaft als universelles Phänomen interessiert.

Ja. Denn sie existiert seit ewiger Zeit, obwohl die Hierarchie zwischen den Geschlechtern eine Gedankenkonstruktion ist und in keiner Weise den biologischen Tatsachen entspricht. Männer und Frauen haben dieselben Fähigkeiten was Körper, Gehirn und Intellekt angeht. Aber die allen Gesellschaften zugrunde liegende männliche Vorherrschaft ist von der Feststellung unserer prähistorischen Vorfahren ausgegangen, dass nur die Frauen Kinder bekommen können: Mädchen, was ihnen normal erschien, aber auch Jungen, was sie erstaunte. Da der Koitus zur Befruchtung führt, haben sie daraus geschlossen, dass die Männer die Kinder in die Frauen bringen. Um Söhne zu bekommen und ihre Art zu erhalten, brauchten sie also Frauen. Frauen, deren Körper sie sich aneignen mussten, denn niemand durfte ihnen die Frucht wegnehmen, die sie dort gesät hatten. Frauen, aus denen sie auch Kapital schlagen konnten, denn da sie aufgrund des Inzestverbotes nicht mit ihren Schwestern schlafen durften, konnten sie sie zumindest gegen die Schwestern anderer Männer tauschen. Auf diese Weise hat sich eine vollkommen ungleiche Gesellschaft herausgebildet, in der die Aneignung des Körpers und des Schicksals von Frauen nach und nach durch Entzug (Zugang zu Wissen und Macht) und durch einen verachtungsvollen, hierarchischen Blick auf die Frau sichergestellt wurde.

Man kann den Unterschied im Körperbau nicht bestreiten, der die Verletzlichkeit der Frau betont.

Sogar diese Dysmorphie ist konstruiert! Ich habe eine junge Kollegin, die zu diesem Thema geforscht hat, und sie zeigt auf, dass jegliche bewusste und gewollte Entwicklung der Menschheit auf einen weniger stattlichen weiblichen Körperbau im Vergleich zum männlichen abgezielt hat. Seit der Urgeschichte haben die Männer Proteine, Fleisch und Fett für sich beansprucht, alles, was für den Knochenaufbau nötig ist, während die Frauen stärkehaltige Nahrungsmittel und Brei bekamen, die sie rundlich machten. Diese Diskrepanz in der Ernährung – die noch heute in den meisten Teilen der Erde zu beobachten ist – hat dazu geführt, dass sich die Körpergröße der Frauen im Laufe der Jahrtausende verringerte, während die der Männer stieg. Noch ein Unterschied also, der als natürlich gilt, obwohl er kulturell erworben ist.

Ebenso wie die gesellschaftliche Aufgaben- und Rollenverteilung der Geschlechter?

Natürlich! Warum sollten Frauen, nur weil sie Kinder zur Welt bringen, dazu verpflichtet sein, den Haushalt zu führen, die Einkäufe zu erledigen, zu kochen und einen Ehemann bei Laune zu halten? Ich erkenne darin keinerlei Logik oder Zusammenhang. Es war eine ganze Kette von Argumentationen, Überzeugungen und vielerlei Vorstellungen nötig, um diese Verteilung durchzusetzen, die ganz und gar nicht natürlich ist.

Medizinische Entwicklungen wie die künstliche Befruchtung werfen das Gedankenkonstrukt, von dem Sie sprechen, über den Haufen.

Schauen Sie, die echte Revolution ist die Verhütung! Zum ersten Mal in der Geschichte der Menschheit können die Frauen entscheiden, ob sie sich fortpflanzen wollen oder nicht, wann, wie oft, mit wem. Sie werden wieder zu einem vollwertigen Subjekt. »Das ist das Ende des Mannes und des Vaters«, ängstigte sich ein Parlamentarier bei der Abstimmung des Gesetzes zu Verhütungsmitteln. Er hatte Recht. Es ist eine Umkehrung der Situation, denn die Verhütung greift genau dort ein, wo die Unterwerfung der Frau entstanden ist. Was andere Entwicklungen wie die künstliche Befruchtung angeht, mit deren Hilfe Frauen Kinder bekommen können, wenn es auf natürliche Weise nicht möglich ist, so scheinen sie mir selbstverständlich. Die Gleichstellung beider Geschlechter bei der Fortpflanzung entwickelt sich.

Haben Sie persönlich im Laufe Ihrer Karriere Machismus erfahren?

Ich kenne keine einzige Frau, die behaupten kann, noch nie mit Machismus konfrontiert gewesen zu sein! Aber ich habe ihn nicht in extremer Ausprägung erlebt. Als einzige Frau zwischen etwa fünfzig Männern am Collège de France verschwand ich so sehr in der Gruppe, dass sie nachlässig wurden in dem, was sie äußerten. So stand bei einer Sitzung im Vorfeld zur Auswahl zukünftiger Kollegen und Kolleginnen ein Professor auf, um sich für eine junge Gräzistin stark zu machen. Er kannte ihr Fachgebiet nicht, wie er zugab, aber er erinnerte sich, bei einer Tagung in ihrer Nähe gewesen zu sein: »Die sieht wirklich toll aus! Ein paar Beine, und was für welche! Phantastische Brüste, und eine Ausstrahlung … Die ist echt klasse!« Ich habe das Wort ergriffen und gefragt, ob wir etwa, wie beim Militär, danach gehen, ob uns jemandes Nase passt oder nicht. Meine Kollegen haben gelacht. Und dann die Köpfe gesenkt. Es wurde nie wieder darüber gesprochen.

Wie bei einem Standbild, das die Aufmerksamkeit bannt …
Genau. Manchmal genügt ein kleiner Satz, um bewusst zu machen, wie seltsam es ist, etwas aufrechtzuerhalten, das sich überlebt hat. Wir müssen wachsam sein. Nichts durchgehen lassen. Vor einigen Jahren gab es einen Slogan: Der erste Schritt gegen die Männerherrschaft – keinen Kaffee mehr kochen.

Waren Sie durch Ihre Arbeit und den Einfluss Ihrer Bücher dazu gezwungen, sich in öffentliche Debatten einzumischen?
Selbstverständlich. Ich war nie eine Aktivistin, die auf die Straße gegangen ist, vielleicht wegen meiner gesundheitlichen Probleme. Vielleicht auch, wie es eine junge Freundin einmal gesagt hat, weil man auf der Straße kein Schild schwenken kann, auf dem steht: »Nieder mit der spezifischen Wertigkeit der Geschlechter!« Aber ich habe die feministische Bewegung begleitet, auch ohne in irgendeiner Gruppe aktiv zu sein. Heimlich. Schriftlich. Ich fühle mich vollkommen als Teil dieses Kampfes für die Gleichberechtigung.

Was denken Sie über die vielen Äußerungen und Berichte von Frauen, die Opfer sexueller Belästigungen oder Übergriffe sind, im Anschluss an die Weinstein-Affäre?
Ich finde das großartig. Die Scham muss die Seite wechseln, das ist notwendig. Und es erscheint mir verheißungs-

voll, dass die Frauen, statt sich einzeln und ratlos als Opfer zu verkriechen, #MeToo im Internet nutzen, um auf sich aufmerksam zu machen und das Wort zu ergreifen. Das hat uns seit Jahrtausenden gefehlt: zu begreifen, dass wir nicht allein sind! Diese Bewegung kann Großes nach sich ziehen. Vorausgesetzt, es wird nicht nur ein Eckchen, sondern der ganze Schleier des Geheimnisses gelüftet, an allen Strippen gezogen, um die Beziehung zwischen den Geschlechtern ganz neu zu denken, gegen die männliche Vormachtstellung anzugehen und mit der Vorstellung eines unbezwinglichen männlichen Verlangens aufzuräumen. Da ist wahnsinnig viel zu tun.

Geben Sie der Gesellschaft die Schuld, zu nachsichtig zu sein gegenüber den männlichen »Trieben«?

Selbstverständlich! Wir sind Wesen, die von Vernunft und Kontrolle gesteuert sind, nicht nur von Trieben und Leidenschaft. Wenn ich Lust hätte, Sie zu töten, dann würde ich ja auch nicht einfach über Sie herfallen und sie erwürgen. Das Leben innerhalb der Gesellschaft verlangt Regeln. Aber wir haben so lange die Vorstellung akzeptiert, dass der weibliche Körper den Männern gehört und deren Verlangen sofortige Befriedigung erfordert. Das war die Rechtfertigung, dass Frauen einen Schleier tragen müssen, dass sie eingesperrt, ja sogar, dass sie vergewaltigt wurden: Allein die Frau ist demnach verantwortlich für das Verlangen, das sie erregt. Aber das ist absurd. Indem man behauptet, unkontrollierbare Triebe würden bei einem ausgelöst, gibt man seine Unmenschlichkeit zu. Und dass man uns ja nicht mit tierischen Trieben kommt. Die Tiere vergewaltigen ihre Partner nicht, außer Enten, glaube ich. Und sie töten sie nie.

Worauf kommt es im Leben am meisten an?

Das Säuglingsalter, der Kindergarten, die ersten Schuljahre. Die ersten Lebenseindrücke sind grundlegend. Und die Schule muss sich anstrengen, wenn man dem etwas entgegensetzen will, was die Kinder im Fernsehen, auf der Straße, in der Werbung, in Comics, Videospielen und selbst zu Hause hören.

*Nach Ihren Werken über das Männliche/Weibliche und andere Arbeiten zu diesem Thema haben Sie wie befreit von der universitären Last zwei kleine Bücher veröffentlicht (*Le Sel de la vie *und* Au gré des jours*) mit Erinnerungen, Gefühlen, Empfindungen. Sind sie als Definition von Glück zu verstehen?*

Ich würde eher von Freude als von Glück sprechen. Das ist nicht dasselbe. Ich finde, in der Freude liegt die Herrlichkeit des Lebens, den Schmerz eingeschlossen. Und das ist nichts, was ich mir angeeignet hätte, um die Schwierigkeiten des Daseins zu ertragen. Nein, ich glaube ganz einfach, dass ich schon sehr früh mit der Fähigkeit gerüstet war, echte Freude zu empfinden.

Ist das also eine Gabe?

Ich fürchte tatsächlich, dass diese Fähigkeit nicht jedem gegeben ist. Ich neige dazu, den gegenwärtigen Augenblick zu genießen, ohne daran zu denken, was der nächste Tag für Freuden bringt. Alles zu schätzen. Bis hin zum Glanz der Herbstsonne, den ich in diesem Moment durch die Fensterscheibe leuchten sehe.

Dank

Dieses Buch wäre nicht zustande gekommen ohne das Vertrauen von *Le Monde* – meine Zeitung seit mehr als dreißig Jahren! – und ohne die wunderbare Freiheit, die die Interviews mit dem Einstieg »Ich wäre nicht die, die ich heute bin, wenn …« eröffnen und die in keiner Rubrik erscheinen und sich nicht einordnen lassen.

Darum danke ich Cécile Prieur und Emmanuelle Chevallerau, dass sie mich im Herbst 2015 gebeten haben, diese Begegnungen, die ich mehrere Jahre vorher für *Le Monde 2* ins Leben gerufen hatte, für *La Matinale du Monde* wieder aufzunehmen.

Und danke meinen Freundinnen Sandrine Blanchard, die die Treffen organisiert und plant, sowie Pascale Krémer und Catherine Vincent, die mit Talent und Geschick dazu beitragen, dass die Leser unserer Zeitung jede Woche diese außergewöhnlichen Lebenswege und Schicksale kennenlernen können.

Und ein kleines dankbares Augenzwinkern an die geistreiche Georgia Azoulay.

Abbildungsnachweis

Hiam Abbass: © Fabio Lovino/contrasto/laif, 2010

Agnès b.: © Kate Barry, 2006

Joan Baez: © Dana Tynan, 2009

Brigitte Bardot: © Abaca /dana press, 2006

Cecilia Bartoli: © Uli Weber, 2010

Claudia Cardinale: © Giorgio Benvenuti/picture alliance/dpa, 2016

Virginie Despentes: © Vincent Ferrané/modds, 2017

Shirin Ebadi: © Hans Jørgen Brun, 2006

Eve Ensler: © Nubar Alexanian, All Rights Reserved, 2006

Asli Erdoğan: © Emre Yunusoğlu, 2017

Marianne Faithfull: © Eric Guilleman, 2015

Juliette Gréco: © ZB – Fotoreport, 2002

Hélène Grimaud: © Mat Hennek, 2013

Françoise Héritier: © Julien Bressy, 2014

Anne Hidalgo: © Edouard Caupeil, 2018

Delphine Horvilleur: © JOEL SAGET/Staff, 2015

Angélique Kidjo: © ullstein bild/Sven Simon, 2018

Nicole Kidman: © Luca Teuchmann/Kontributor, 2013

Amélie Nothomb: © JOEL SAGET/Staff, 2016

Vanessa Redgrave: © Picture Press/Camera Press/Andy Gotts, 2015

Patti Smith: © Gasper Tringale, 2017

Anne Dufourmantelle
Lob des Risikos
Ein Plädoyer für das Ungewisse
315 Seiten. Gebunden
ISBN 978-3-351-03732-1
Auch als E-Book erhältlich

»Das Risiko ist der alles entscheidende Augenblick.« Anne Dufourmantelle

Im Risiko, im Unvorhersehbaren liegt eine ungeahnte Kraft. Wenn wir etwas wagen, ohne zu wissen, wo es uns hinführt, können wir nur gewinnen: Handlungsräume, Kreativität und Selbstbestimmung. Das größte Risiko unseres Lebens ist und bleibt die Liebe. Die Philosophin und Psychoanalytikerin Anne Dufourmantelle hat stets nach dieser Maxime gelebt. Als sie im Sommer 2017 zwei Kinder vor dem Ertrinken rettete, hat sie ihr eigenes Leben riskiert – und verloren. Dieses Buch ist ihr Appell, die Fenster aufzureißen, um das Ungewisse in unser Leben zu lassen.

»Ihre Worte, ihre Intelligenz, ihre Sanftheit werden uns fehlen, weil sie uns halfen, das Risiko einzugehen, sich anderen und der Welt gegenüber zu öffnen.« LIBÉRATION

»In ihren Arbeiten verband Dufourmantelle auf vornehmste Art philosophisches Denken mit gesellschaftlicher Realität.« SÜDDEUTSCHE ZEITUNG

Regelmäßige Informationen erhalten Sie über unseren Newsletter. Jetzt anmelden unter: www.aufbau-verlag.de/newsletter

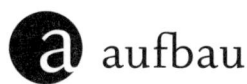

Rachel Corbett
Rilke und Rodin
Die Geschichte einer Freundschaft
Mit 22 Abbildungen
379 Seiten. Broschur
ISBN 978-3-7466-3554-5
Auch als E-Book erhältlich

Eine große Künstlerfreundschaft in Zeiten des Umbruchs

Im Jahr 1902 bekommt der mittellose und unter einer Schreibblockade leidende Rainer Maria Rilke das Angebot, nach Paris zu gehen, um dort ein Buch über Auguste Rodin zu schreiben. Rilke nutzt die Gelegenheit, ist er doch auf der Suche nach einem künstlerischen Vorbild. So beginnt die ungleiche Freundschaft zwischen dem sechzigjährigen Bildhauer und dem jungen Dichter, die zugleich der Entwurf eines extraordinären Künstlerlebens ist. Denn Rodin hat großen Einfluss auf Rilke und dessen Schaffensprozess, der sich ganz neu entfaltet.

Rachel Corbett gelingt es, vor dem Hintergrund der aufstrebenden künstlerischen Moderne ein vielschichtiges und faszinierendes Panorama der damaligen Zeit zu entwerfen, für die die Freundschaft zwischen Rodin und Rilke exemplarisch steht.

Regelmäßige Informationen erhalten Sie über unseren Newsletter. Jetzt anmelden unter: www.aufbau-verlag.de/newsletter

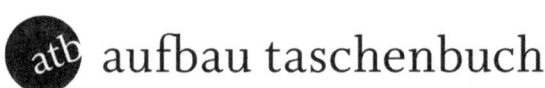

Günter Krenn
Die Welt ist Bühne
Karlheinz Böhm. Die Biographie
Mit 58 Abbildungen
432 Seiten. Gebunden
ISBN 978-3-351-03711-6
Auch als E-Book erhältlich

Die erste umfassende Biographie über den Jahrhundertschauspieler

Berühmt und von den Frauen vergöttert wurde er als Kaiser Franz in der Filmtrilogie Sissi an der Seite von Romy Schneider. In den Siebzigern entdeckte ihn Rainer Werner Fassbinder und machte ihn zu einem seiner Charakterdarsteller. Heute ist Karlheinz Böhm den meisten als Gründer der Entwicklungshilfe-Organisation Menschen für Menschen bekannt.

»Du musst dich in jeder Sekunde deines Lebens mit der notwendigen Selbstkritik zu allem bekennen, was du gemacht hast. Wenn du das tust, wirst du dich immer nach vorne entwickeln.« Rainer Werner Fassbinder zu Karlheinz Böhm.

Günter Krenns eindrückliche Biographie zeigt einen Sohn, der sich aus dem Schatten des berühmten Musikervaters befreien musste, einen vielseitigen Theater- und Filmschauspieler und einen leidenschaftlichen Entwicklungshelfer. Er hat mit Karlheinz Böhms engsten Vertrauten gesprochen und lässt Wegbegleiter wie Senta Berger, Frank Elstner, Martin Scorsese oder Michael Ballhaus zu Wort kommen. Er zeichnet ein facettenreiches Künstlerporträt, in dem sich deutsche Film- und Theatergeschichte einmalig spiegelt.

Regelmäßige Informationen erhalten Sie über unseren Newsletter. Jetzt anmelden unter: www.aufbau-verlag.de/newsletter

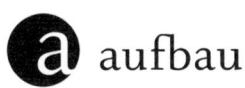